社労士が伝える
社長のための労務管理

社会保険労務士法人タックス・アイズ

社会保険労務士・公認会計士・税理士 **五十嵐 明彦**
特定社会保険労務士 **藤田 綾子** ［著］
社会保険労務士 **周藤 美和子**
社会保険労務士 **伊井 沙織**

税務経理協会

は　じ　め　に

　働き方改革が叫ばれるなか，働く人たちの労務問題に対する関心は非常に高まってきています。年次有給休暇５日取得の義務化，未払残業代，各種ハラスメントなど，労務に関する法律は時代の変化に応じて頻繁に改正がなされていることからも，企業の労務管理はより重要性を増してきています。

　一方で，労務に関する法律は難解であり，近年さらに複雑化・高度化しているがゆえに，労務問題に対応しきれていない企業も多数あります。

　自社で問題は起きないだろうと考えている企業も多く，いわゆるブラック企業といわれるような企業ではない従業員想いの企業であっても，問題解決を弁護士に依頼せざるを得ないような労務問題が数多く生じています。

　そこで，企業の社長と社会保険労務士との間によくある会話によって，企業が抱える悩みや誤った認識についてわかりやすく解説し，少しでも企業の悩みを解決したいと考え，素人でもわかる労務問題の入門書として，本書を執筆しました。

　労務に関してはまったく素人の杉本社長が，初めて従業員を採用するところからスタートし，企業の成長とともに生じる悩みや問題について，社会保険労務士の大竹先生に相談をしながら１つ１つクリアしていく会話形式のストーリーによって，難解な労務問題をわかりやすく解説しました。

　本書のストーリーは，社会保険労務士である著者の４人が，日常の業務で経験した経営者や人事担当者との会話をもとにしたものです。企業経営をしていくうえで生じる経営者の悩みをそのままストーリーにしているため，リアルな現場の状況を感じていただけるはずです。

　本書をきっかけに，多くの企業が，企業と働く人の「バランス」を上手に取りながら，労務問題を解決していくことを，そして「労務問題が生じないような対策を始めてみよう！」と思っていただける第一歩となることを，心より

願っています。

　2021 年 9 月

社会保険労務士法人タックス・アイズ
社会保険労務士 五十嵐明彦
社会保険労務士 藤 田 綾 子
社会保険労務士 周藤美和子
社会保険労務士 伊 井 沙 織

目　　　次

はじめに

第1章　採　　　　　用

第2章　労　働　時　間

第3章　賃　　　　　金

第4章　休　日・休　暇

第5章　退　　　　　職

第6章　ハラスメント

第7章　テレワーク

第1章
採用

採用

労働時間

賃金

休日・休暇

退職

ハラスメント

テレワーク

杉　本　大竹先生，はじめまして。アイエムエル株式会社の杉本です。

　　　　当社は，マーケティングを中心とした経営コンサルティング会社で，設立して３年目になります。会社は，東京都港区にあります。これまでは，私１人で仕事をしていたのですが，いよいよ従業員を採用することになりました。

　　　　同業の高橋社長に話をしたら，最初に社労士の先生に相談をしたほうが良いということで，大竹先生を紹介していただきました。よろしくお願いします。

大　竹　杉本社長，はじめまして。社労士の大竹です。本日はお招きいただいてありがとうございます。

　　　　従業員を採用するということは，事業が順調なのですね。はじめての従業員は，ワクワクしますよね。

杉　本　そうなんです。たまたま知り合いの紹介で良い方がいたので，その方を採用しようと思っているのですが，やらなければならない手続きがまったくわからなくて困っています。

大　竹　そうですよね。まずは，その方にどのような条件で働いてもらうかを決める必要があります。決めなければならない条件はこれだけあり，これらの条件を明示する必要があります。

> (1) 労働契約の期間に関する事項，期間の定めのある労働契約を更新する場合の基準に関する事項
>
> (2) 就業の場所及び従事すべき業務に関する事項
>
> (3) 始業及び終業の時刻，所定労働時間を超える労働の有無，休憩時

　間，休日，休暇並びに労働者を2組以上に分けて就業させる場合
　における就業時点転換に関する事項

⑷　賃金（退職手当及び臨時に支払われる賃金等を除く）の決定，計
　算及び支払いの方法，賃金の締切り及び支払いの時期

⑸　退職に関する事項（解雇の事由を含む）

⑹　昇給に関する事項

⑺　退職手当の定めが適用される労働者の範囲，退職手当の決定，計
　算及び支払いの方法並びに退職手当の支払いの時期に関する事項

⑻　臨時に支払われる賃金（退職手当を除く），賞与及びこれらに準ず
　る賃金並びに最低賃金額に関する事項

⑼　労働者に負担させるべき食費，作業用品その他に関する事項

⑽　安全及び衛生に関する事項

⑾　職業訓練に関する事項

⑿　災害補償及び業務外の傷病扶助に関する事項

⒀　表彰及び制裁に関する事項

⒁　休職に関する事項

杉　本　そんなにたくさんあるのですか……。もう，従業員を採用する自信が
なくなりました。

大　竹　まあまあ，最初はみなさんそう考えますが，一度条件を決めてしまえ
ば，あとはそれに従っていくだけですから大丈夫ですよ。ちなみに，こ
れらの条件のうち⑴から⑸については，書面の交付によって明示をしな
ければならないことになっています。この書面を「**労働条件通知書**」と
いいます。

杉　本　いまどき書面ですか？　メールやＳＮＳではダメなのですか？

大　竹　原則は書面ですが，従業員が希望した時にはメールやＳＮＳなどの方

法での明示も認められています。一般的に記録に残る形で，出力して書面を作成できるものであれば構いません。

杉　本　それは良かったです。でも，作るのが大変そうですね。

大　竹　サンプルのひな型（5ページを参照）がこちらです。このサンプルに書いてある事項を1つずつ決めていけば，作成することができます。杉本社長も起業される前は従業員として働いていたとお伺いしていますので，入社する前にこのような条件を決めてもらわないと困るという従業員の気持ちもわかりますよね！

杉　本　まあ，それは確かにそうですね。

　　　　ところで，このサンプルですが，「労働条件通知書兼雇用契約書」となっています。「兼雇用契約書」がついているのは，なぜですか？

大　竹　雇用契約は，企業と従業員が合意することにより成立し，書面によらず，口頭でも成立することになっています。極端にいえば，「うちの会社で働いてください。」「わかりました。」と言うだけでも，契約は成立することになります。

　　　　片や，労働条件通知書は，企業から一方的に従業員に渡すものです。立場の弱い従業員を守るために，労働条件を明示しなければならないことになっています。ですから，企業としては労働条件通知書だけを作成すれば良いのですが，将来何かトラブルになったときに，「そんなものもらっていない。」「入社時に言われたことと話が違う。」などと従業員に言われてしまう可能性があります。そこで，やはり採用時には雇用契約書も作って，企業と従業員が署名押印をしておく必要があるのです。

杉　本　なるほど。それは，契約書を作っておいたほうが良いですね。

大　竹　雇用契約書にも労働条件を記載しますから，労働条件通知書と雇用契約書を別々に作成するのではなく，「労働条件通知書兼雇用契約書」と

年　　　月　　　日

労働条件通知書兼雇用契約書

社員番号＿＿＿＿＿＿＿＿＿＿＿＿

氏名＿＿＿＿＿＿＿＿＿＿＿＿

次の労働条件によって雇用契約を締結します。

雇用期間	（期間の定めなし）（雇入れ日：　　年　　月　　日） 期間の定めあり（　　年　月　日　～　　　年　　月　　日）
更新の有無 ※雇用期間について「期間の定めあり」とした場合に記入	1　契約の更新の有無 　・更新する場合がある・契約の更新はしない・その他（　　　　　　　） 2　契約の更新は次により判断する 　・契約期間満了時の業務量・勤務成績、勤務態度・能力・会社の経営状況 　・従事している業務の進捗状況 　・その他（　　　　　　　　　　　　　　　　　　　　）
試用期間	（なし）・　あり（令和　　年　　月　　日　～　令和　　年　　月　　日）
就業の場所	本社内　及び　甲が指定した場所
仕事の内容	経営コンサルティングに関する業務
就業時間	始　業　午前　9　時　00　分　　　終　業　午後　6　時　00　分 休憩時間　60　分（就業時間内に取得）
所定時間外労働 の有無	所定時間外労働　（無）・ 有　（約　　　時間／月） 休日労働　　　　（無）・ 有　（約　　　日／月）
休　日	土曜日　日曜日　国民の祝日 年末年始　（　12月29日　　～　　1月3日）
休　暇	年次有給休暇 特別休暇
退職に 関する事項	定年　65　歳／　継続雇用制度　（有）・ 無 その他の退職・解雇については就業規則による
賃　金	金額	基本給　　　　　　　円　（月給）・ 日給　・ 時給　） 通勤手当　　1か月分定期券代実費
	割増賃金率	所定時間外　法定内　：　25　％　／法定超　：　25　％ 休　日　法定休日：　35　％　／法定外休日：　25　％ 深　夜　　　　　　：　25　％
	締切日 支払日 支払方法	毎月　　　　　　　日締切 翌月　　　　　　　日支払（金融機関が休日の時はその前日） 銀行振込
	賞　与	（有）・ 無 <small>会社の業績により支払日の変更または支給しないことがある。支給額は本人の成績、勤務態度または能力等を勘案して決定する。</small>
	昇　給	（有）・ 無 <small>会社の業績または個人の成績により改定しない場合がある。</small>
	退職金	有 ・（無）
その他	・社会保険の加入状況（健康保険　厚生年金）・雇用保険の適用　（有）・ 無　） ・その他（保険料は当月給料より徴収する）

本契約書は、2通作成し、双方が各1通を保管する。

使用者　所在地＿＿＿＿＿＿＿＿＿＿＿＿＿＿＿＿＿＿＿＿

　　　　名称　＿＿＿＿＿＿＿＿＿＿＿＿＿＿＿＿＿＿＿＿

　　　　役職・氏名＿＿＿＿＿＿＿＿＿＿＿＿＿＿＿＿　印

労働者　住所　＿＿＿＿＿＿＿＿＿＿＿＿＿＿＿＿＿＿

　　　　氏名　＿＿＿＿＿＿＿＿＿＿＿＿＿＿＿＿＿　印

　　　　1つにまとめたほうが良いと考えて，サンプルとしてお出ししました。

杉　本　大竹先生，ありがとうございます。とても良くわかりました。
　　　　そして，髙橋社長にも勧められていましたが，ぜひ当社と顧問契約を
　　　お願いします。今後ともご指導をよろしくお願いします。

大　竹　杉本社長，ありがとうございます。こちらこそよろしくお願いします。

Ⅱ　健康保険，厚生年金への加入

杉　本　いよいよ来週から，従業員が入社することになりました。何か準備しなければならないことはありますか？

大　竹　社会保険への加入をしなければなりませんね。御社は，すでに健康保険と厚生年金には加入していましたよね？

杉　本　はい。私が加入しています。法人の設立当初は加入していなかったのですが，加入しなければならないことを知って，すぐに手続きをしました。

大　竹　法人を設立して役員報酬や給与が支払われる場合には，社会保険に加入しなければならないですからね。杉本社長の場合は，設立当初から役員報酬をもらっていましたから，従業員がいない社長1人の企業であっても，法人の代表である社長は，社会保険に加入しなければなりませんでしたね。

杉　本　早い段階で加入しなければならないことを知って良かったですが，毎月の保険料を支払うのは大変です。

大　竹　そうですね。令和3年度は，健康保険の料率が東京都で9.84％，厚生年金の料率が18.3％となっており，これを企業と従業員で折半することになります。企業の負担は，だいたい支払う給与の14％くらいと考えておけば良いですね。

杉　本　従業員が入ったら，社会保険に加入させるということですね。また保険料が増えますね……。毎月の給料が30万円だとしてその14％ずつということは，42,000円を企業と従業員でそれぞれ負担するということ

ですよね。それなら，国民健康保険で十分な気がするのですが……。医療費の個人負担は，どちらも３割ですし……。

大　竹　保険料を支払う側の企業としては，確かに社会保険に加入させることによって負担が増えます。しかし，従業員側からすれば，医療費の個人負担は同じでも，社会保険に入ることによって，次のようなメリットがあります。

　　　従業員には，このような保障を受けながら安心して働いてもらいたいですよね。

> ・　保険料を半額企業に負担してもらえる（国民健康保険は全額自己負担）
> ・　生活保障のため，ケガや病気をして休んだ場合は「傷病手当金」，子どもが産まれる前後に休んだ場合は「出産手当金」がもらえる（国民健康保険は市区町村によって異なり，必ずあるわけではない）
> ・　扶養制度があるため，家族が増えても保険料は一定である（国民健康保険は家族１人１人が被保険者として加入し，保険料を支払わなければならない）

杉　本　確かにそうですね！

大　竹　年金も同じです。厚生年金に加入すれば，国民年金に厚生年金部分が加算されて将来もらえる年金額が多くなりますし，病気やケガが原因で障害が残り，働けなくなったときの「障害厚生年金」や，万が一に亡くなったときに遺族が受け取れる「遺族厚生年金」についても，国民年金と比較して手厚い保障制度が用意されています。

　　　たとえば，遺族基礎年金は配偶者か子どもにしか支給されないのですが，遺族厚生年金だと支給を受けられるご遺族が拡大されているんです。

杉　本　なるほど。「年金」というと，老後にもらう年金しか知りませんでし

た。「もしかしたら，もらえないかもしれない老後の年金のために，保険料を払うなんて……。」と思っていましたが，さまざまな保障も厚生年金のほうが充実しているのですね。

　これで納得して保険料を支払うことができます。

杉　本　従業員が「保険料を払いたくない。」とか，「社会保険に加入したくない。」と言ってきたら，どうすれば良いのでしょうか？

大　竹　企業の都合でも従業員の都合でも，加入要件を満たす人は，社会保険に加入しなければなりません。また，先ほども説明しましたとおり，国民健康保険・国民年金と比較しても従業員が受けられる給付が増えますし，民間の保険のように保険会社が倒産してしまったら掛け捨てになってしまうというリスクも考えなくて良いのです。

杉　本　わかりました。企業にも従業員にも，選択の余地はないということですね。加入要件を教えてください。

大　竹　正社員で70歳未満の人や，パートやアルバイトで2か月を超える雇用見込みがあり，1週間の所定労働時間および1か月の所定労働日数が正社員の4分の3以上の人は，必ず加入しなければなりません。また，従業員が501人以上の企業は，次の4つの要件を満たす場合には，加入要件を満たすことになっています。

　今後は，判断基準となる従業員数が引き下げられ，2022年10月からは101人以上，2024年10月からは51人以上の企業に適用範囲が拡大されることになっています。

- ・週の所定労働時間が20時間以上
- ・賃金月額が88,000円以上
- ・雇用される期間が1年以上見込まれる
- ・学生ではない

杉　本　わかりました！

　　　　従業員はどんどん増やしていく予定なので，パートやアルバイトで雇
　　　う従業員の要件にも注意したいと思います！

Ⅲ　労災保険，雇用保険への加入

大　竹　従業員を雇ったら，社会保険とは別に加入しなければならないのが，「労働保険」です。労働保険には，労災保険と雇用保険があります。

杉　本　名前は聞いたことがあります。

大　竹　労災保険は，仕事をしているときや通勤のときのケガ，仕事が原因の病気によって働けなくなった場合に，治療費や収入を補償してくれる保険です。また，従業員が亡くなったときは，給付金が遺族に支給されます。

　　　　　労災保険は，正社員だけでなくパートやアルバイト，契約社員など働き方によらず，従業員を1人でも雇っている場合には加入をして，保険料を支払わなければなりません。保険料は，企業が全額負担します。ちなみに，手続きは，労働基準監督署で行います。

杉　本　労災保険は，絶対に入ったほうが良いと聞いたことがあります。

大　竹　労災保険の料率は業種によって異なりますが，御社のようなコンサルティング業だと0.3％と低く設定されていることもあり，業務災害や通勤災害があったときの補償を考えると，絶対に入ったほうが良い保険ということができると思います。

杉　本　うちの会社はデスクワークですから，労災なんて起きないと思うのですが。実際，入っていない会社もあるとか……。

大　竹　労災は，職場だけでなく，仕事中の移動や通勤時の災害についても補償してくれるものです。それに，デスクワークだから労災が起きないとは，考えないほうが良いですね。

たとえば，高い棚に置いてある書類を取ろうとしたときに，バランスを崩して倒れてしまって捻挫をしてしまうこともありえます。これも労災の対象になりうるんですよ。仕事中や通勤時にケガをしてしまった場合は，本来は企業が治療費の負担等をしなければならないため，企業の負担を国が支援することを目的として労災保険が準備されているんです。

杉　本　労災といえば，工場や建設現場などで起きるイメージでした。そうなると，加入していない企業があるというのはおかしいですね。

大　竹　はい。さらに付け加えると，企業が労災保険に加入しなくても，従業員は労災保険の申請をすることができ，保険給付を受けることもできます。これは，労災保険に加入しない企業から従業員を守るためです。

　　行政機関から労災保険の加入について指導などを受けたにもかかわらず，加入手続きを行わなかった期間中に業務災害や通勤災害が発生してしまった場合は，企業は「従業員に支払われた保険給付額の100％」を負担しなければなりません。

　　同じように，行政機関から指導などを受けてはいないものの，労災保険の加入義務が生じたときから1年以上手続きを行わなかったときに業務災害や通勤災害が発生してしまった場合は，「支払われた保険給付額の40％」を企業が負担しなければなりません。

　　さらに，どちらの場合も遡って労働保険料を徴収され，加えて追徴金も徴収されるというダブルパンチを受けることになります。

杉　本　何かあったときに大きな負担をしなければならないのであれば，最初から保険に加入しておいたほうが良いですね。すぐに加入します！

大　竹　労働保険のもう一方が「雇用保険」です。雇用保険というと，失業したときの失業手当や育児休業を取ったときの育児休業給付金などはご存知ですよね。従業員の方が，何らかの理由で企業を辞めなければならなくなったときや，育児・介護などの事象が発生して雇用の継続が難しく

なったときなど，いざというときの生活の安定を図ってくれるのが，雇用保険制度です。

杉　本　労災保険と同じように，従業員を1人でも雇ったら加入しなければならないのでしょうか？

大　竹　雇用保険の加入要件は，次のようになっていますので，労災保険のように誰でも入らなければならないということではありません。

御社は，正社員を雇用することでこの要件を満たしますから，雇用保険の手続きも必要になります。ちなみに，加入の手続きは，公共職業安定所（ハローワーク）で行います。

> ・　31日以上継続して雇用されることが見込まれる人
> ・　1週間当たりの所定労働時間が20時間以上の人
> ・　学生ではない人

杉　本　雇用保険も企業が保険料を支払うことになりますよね？　企業側にメリットはないのでしょうか？

大　竹　雇用保険は，企業だけでなく従業員も一部負担して，保険料を支払います。企業側の負担が大きいのは確かです。しかし，これは雇用保険だけでなく，これまでお話をしてきた社会保険全般にいえることですが，やはり加入していない企業は法令遵守がなされていないと考えられてしまいますから，求人の際にそのような目で見られてしまいます。

したがって，当然のことをしているだけではありますが，していない企業と比べて採用では有利になりますし，クリーンな企業であるというアピールにも繋がります。

杉　本　そういえば，雇用保険に加入していると助成金がもらえると聞いたことがあります。

大　竹　助成金も，企業が雇用保険に入る大きなメリットの1つです。新型コロナウィルスの感染拡大に伴って，休業を余儀なくされた企業は「**雇用調整助成金**」に救われました。一躍有名になったこの助成金も，雇用保険の助成金の1つとして用意されているんですよ。

　　　杉本社長と御社の成長に伴って適合する助成金の情報も，今後お知らせしていきますね。

杉　本　よろしくお願いします。

Ⅳ 内定の取消しは難しい

杉　本　大竹先生，仕事が増えてきたので，また新たな人を採用をしたいと思い，ハローワークに求人を出したら応募が来まして，書類を見て良さそうな人と面接をしました。

大　竹　最近は，求人を出しても応募がないこともありますから，面接をしたいと思えるような人がいて良かったですね。

杉　本　はい！　それで面接をしたら，この人と一緒に仕事をしたいと思える人が2人いたので採用しようと思い，「うちの会社でぜひ一緒に働いて欲しい。」と伝えて，2人とも「当社で一緒に働きたい。」と言ってくれました。

大　竹　2人も従業員が増えるのですね。おめでとうございます。

杉　本　でも，よく考えると，「いきなり2人増えるのは，資金的にちょっと難しいかな。」と思い始めて，どちらか1人はお断りしようかと考えています。

大　竹　社長，ちょっと待ってください。お断りするのは，そんなに簡単なことではないですよ。

　　　企業側から採用の通知をして応募者が承諾した時点で，いわゆる「内定」が成立します。内定というのは，企業と応募者の間で雇用が約束された状態のことです。

杉　本　でも，まだ1人は電話で話をしただけですし，1人はメールでやり取りをしただけで，正式に**内定通知書**や**内定承諾書**などの文書のやり取りはしていないですよ。

15

大　竹　電話で採用の連絡をしてその承諾があった場合など，口約束でも内定
　　　　は成立しますし，メールでも応募者が承諾すれば「内定」は成立して，
　　　　労働契約が合意に至ったということになります。

杉　本　なるほど。そういうことなのですね。

大　竹　今回の２人も，御社に入社することが決まった時点で，求職活動を止
　　　　めたり，あるいは他の企業からの採用の通知を断ったりして，御社に入
　　　　社する準備を始めていると思います。そんなときに内定を取り消された
　　　　ら，大きなダメージを受けることになってしまいます。

杉　本　確かに，そのとおりですね。
　　　　　私も一緒に働きたいと思えた人たちなので，今回は２人とも当初の予
　　　　定どおり採用して，一緒に頑張っていきます。今回のような状況でなく
　　　　ても，内定の取消しは難しいのでしょうか？

大　竹　内定取消しは，採用当時にわかっていれば採用しなかったというよう
　　　　な事象が生じた場合には認められます。たとえば，次のような場合には，
　　　　内定取消しの「正当な理由」として認められます。

> ・履歴書や誓約書などに重大な虚偽記載がある場合
> ・入社に必要な書類の提出を拒んだ場合
> ・就労までに必要とした免許・資格などが取得できなかった場合
> ・健康を著しく害し勤務に重大な支障がでる場合
> ・重大な違法行為があった場合

杉　本　よくわかりました。ちなみに，会社の業績が悪化した場合は，どうな
　　　　のでしょうか？

大　竹　一定の要件を満たした場合には認められることがありますが，単に先
　　　　行きが不透明だからというような理由では，正当理由とは認められま

せん。一度採用しますとお伝えし，相手も入社の準備をしてくださっているのですから，誠実に対応する必要があります。

杉　本　自分の考えや行動が軽率でしたね。一緒に働いてくれる人を選ぶことの大切さもあらためて実感しましたし，今後の採用活動は慎重に進めていきます。

V 試用期間は設けるべきか？

杉　本　今回の採用にあたって，試用期間を設けたほうが良いか考えているの
　　　　ですが，そもそも試用期間とは，どのようなものなのでしょうか？

大　竹　試用期間というのは，いってみれば本採用を前提とした，企業と従業
　　　　員のお互いのお試し期間です。面接だけではその人が本当に企業に合う
　　　　人材かを見極めることが難しいので，勤務態度や能力，スキルなど従業
　　　　員としての適性を評価したり判断したりするために用いられています。

杉　本　私も長い間働いてくれる人を採用したいと思っているので，ずっと働
　　　　いてもらえるかどうかの見極めの期間は欲しいです。試用期間は，どれ
　　　　くらいの期間まで認められるのでしょうか？

大　竹　試用期間については，「○か月間は試用期間とする」というような
　　　　「期間の定め」をする必要はありますが，期間の上限についての法的な
　　　　定めはありません。ただし，「試用期間中の従業員は不安定な地位にお
　　　　かれているため，その労働能力や勤務態度等についての価値判断を行う
　　　　のに必要な合理的範囲を超えた長期の試用期間は無効」というような判
　　　　例もあることから，一般的には1〜6か月程度，どんなに長くても1年
　　　　間といわれています。

杉　本　では，長くても6か月という前提で検討をしようと思います。試用期
　　　　間の労働条件は，本採用時と違っても良いのですか？

大　竹　はい。給与や就労時間などの諸条件は，本採用時と同じに設定しても
　　　　良いですし，差をつけても構いません。たとえば，試用期間中は給与を
　　　　低めにしておいて，本採用時に正規の給与に引き上げるというようなこ

ともできます。

杉　本　試用期間中は，社会保険に加入しなくても良いのでしょうか？

大　竹　試用期間でも要件を満たしている場合には，社会保険に加入しなければなりません。

杉　本　試用期間中に一緒に働いていくのが難しいと判断した場合は，本採用をしなくて良いのですよね？

大　竹　試用期間であったとしても，本採用をしない（辞めてもらう）場合には，解雇となります。確かに，本採用後の解雇よりも試用期間中の解雇のほうが認められる要件が広いですが，一旦採用していることに変わりはありません。したがって，試用期間中ならいつでも自由に解雇して良いというわけではなく，次のような場合などは，第三者から見ても本採用しない「**合理的な理由**」がなければなりません。

> ・ 経歴詐称があった場合
> ・ 勤務態度が悪い場合
> ・ 遅刻や欠勤が多い場合
> ・ 職業能力や業務適格性が欠如しているとの客観的，合理的な評価がなされる場合

杉　本　わかりました。この場合，手続きはどのようにしたら良いのでしょうか？

大　竹　通常の解雇の手続きと同じになりますので，もし，本採用しないことが決まりましたら，30日前に予告をするか，予告の代わりに30日分以上の平均賃金（いわゆる解雇予告手当）を支払わなければなりません。ただし，試用期間開始後14日以内に解雇する場合については，解雇予告や解雇予告手当の支払いは必要ありません。

杉　本　試用期間中であれば，本採用をしないという意思決定は簡単にできる
　　　　と思っていました。試用期間を設けたからといって安易に考えず，長期
　　　　間働いてくれるような人を採用できるように頑張ります！

VI 就業規則は作るべきか？

杉 本　先週，交流会に参加したのですが，そこでお話をした社長さんから，「従業員を雇ったら，就業規則を作ったほうが良い。」と言われました。

大 竹　ちょうど，「就業規則」のお話をしようと思っていました。まず，法律のお話をすると，**「常時雇用される従業員」**が 10 名以上になったら就業規則を作成して，従業員を代表する方にその規則の内容について意見を聞き，労働基準監督署に届け出をする必要があります。ちなみに，この常時雇用される従業員には，月に 1 回しか出勤しないアルバイトも含みます。

杉 本　安心しました。当社はまだ従業員が 4 人ですから，就業規則は作らなくても良いということになりますね。

大 竹　法律的には，そうなります。

　　　　ですから，常時雇用される従業員が 10 人になるタイミングで就業規則を慌てて作る企業も多いのですが，私はもっと早い段階で就業規則を作成することをお勧めしています。

杉 本　就業規則を作ると，どのような良いことがあるのでしょう？　企業経営上，役に立つということでしょうか？

大 竹　就業規則は，作成すればすぐに役に立つとか，すぐに企業が良くなるものではありません。就業規則は，いってみれば企業に必要不可欠なルールブックと考えてください。

　　　　企業には，さまざまな考え方や意見を持つ人が集まるわけですから，意見の違い，認識の違いから企業と従業員との間にトラブルが生じるこ

とがあります。社長と同じような考えの人ばかりが集まるとは限らないですね。就業規則は，このようなトラブルを防ぐ役割を持っています。

杉 本　以前に教えていただいた「雇用契約書」（5ページを参照）では，足りないのでしょうか？

大 竹　もちろん，雇用契約書に就業規則に記載される内容をすべて記載すれば良いのですが，毎回，個別に契約書に記載するのも大変ですし，企業として統一したルールを作成してそれを全従業員に理解してもらったほうが，運営がしやすいので就業規則を作成したほうが良いと考えています。

　　　また，ルールブックを共有することで，企業も従業員も困ったときや判断に迷ったときに，確認することができますよ。

杉 本　なるほど。就業規則って，そもそもどんなことを記載するのですか？

大 竹　就業規則は企業のルールなので，法令に違反している内容でなければ，基本的には何を記載しても良いです。しかし，必ず記載しなければならない事項は，次のものになります。

　　　これらは，「絶対的必要記載事項」と呼ばれています。

> ① 始業・終業の時刻，休憩時間，休日，休暇，交替制の場合は就業
>   時転換に関する事項
> ② 賃金（臨時の賃金を除く）の決定，計算方法，支払方法，締切日，
>   支払時期，昇給に関する事項
> ③ 退職に関する事項（「解雇の事由」を含む）

　　　また，定めがあれば必ず記載しなければならない事項は，次のものになります。

　　　これらは，「相対的必要記載事項」と呼ばれています。

> ① 退職手当に関する定めが適用される労働者の範囲，手当の決定，
> 　計算及び支払の方法並びに支払時期に関する事項
>
> ② 臨時の賃金（賞与），最低賃金額に関する事項
>
> ③ 労働者の食費，作業用品その他労働者負担に関する事項
>
> ④ 安全・衛生に関する事項
>
> ⑤ 職業訓練に関する事項
>
> ⑥ 災害補償，業務外の傷病扶助に関する事項
>
> ⑦ 表彰及び制裁の種類，程度に関する事項
>
> ⑧ 前項のほか当該事業場の全労働者に適用される定めをする場合に
> 　おいては，これに 関する事項

杉　本　これだけのことを決めていかなければならないとすると，個別の労働
　　　　契約書に織り込むのは大変ですね。

大　竹　そうですね。さらに，法律では定められていませんが，「服務規律」
　　　　といって業務を遂行するうえで従業員が守るべき行動規範も入れること
　　　　を勧めています。
　　　　　「服務規律」には，次のような内容を具体的に記載して，明らかにし
　　　　ます。

> ① 業務中は職務に専念しなければならない。
>
> ② 職場の環境を維持しなければならない。
>
> ③ 企業の信用や業務上知り得た秘密を保持しなければならない。

杉　本　守らなければいけないルールを明確にすることによって，お互いがス
　　　　ムーズに　仕事をできるようにするということですね。企業の様子や業
　　　　務に関わる内容をSNSに投稿してしまうなど，最近は，はっきりダメ
　　　　だといわないと悪気なくやってしまう従業員も多いと聞きますから……。

わかりました！　定めるべきことがたくさんありそうですが，先生に
ひな型や事例をご紹介いただきながら，できるだけ早い段階で就業規則
を作ることにしますので，ご指導よろしくお願いします！

第2章
労働時間

採用

労働時間

賃金

休日・休暇

退職

ハラスメント

テレワーク

I 働く時間を決めよう！

杉 本 大竹先生，こんにちは。

　　　半年前に入社したアルバイトがよく働いてくれて，本人も希望しているので，「正社員になってもらおうか」と思っているのですが，何か決めなくてはいけないことはありますか？

大 竹 それはよかったですね。正社員で働いていただくことで雇用も安定しますし，業務の幅も広がりますね。

　　　それでは，まずは1日の始業・終業の時刻を決めましょう。これは，労働条件通知書（5ページを参照）にも記載しなければならない項目ですし，始業・終業の時刻は後で変更することが難しいので良く考えて決めましょう！

杉 本 始業は9時30分からにしようと考えていますが，案件ごとに違う場合もあるので正直困りますね。始業・終業の時刻は，固定しなければいけないのですか？

大 竹 始業・終業の時刻を固定しない特例もありますが，特例のために，それに伴って会社が行わなくてはいけないことが増えます。

杉 本 正直，業務以外の作業は，あまり増やしたくないです。

大 竹 後から特例に変えることもできますので，まずは始業・終業の時刻を決めましょう。たとえば，時刻を決める際に同業の会社を参考にすると，その後の人材の確保がスムーズになる利点もありますよ。

杉 本 そうですよね，転職は，同業同士が多いですからね。それでは，始業は9時30分で終業を19時にします！

大 竹　ちなみに，休憩時間はどのくらいにするか考えていますか？

杉 本　休憩時間は，1時間で十分でしょう。あまり長いと，効率が悪くなってしまいますし。

大 竹　社長，1日について働かせて良い時間が決まっているんですよ。1日は休憩時間を除いて8時間までしか働かせてはいけないのです。これを「**法定労働時間**」といいます。

杉 本　えー，勝手に決めたらダメなのですか？　みんな長時間働いていますよね？

大 竹　社長が思い浮かべている長時間は，「勤務時間＋残業時間」のことかなと思います。この勤務時間については，1日8時間以内となっているのです。社長が決めた時刻ですと勤務時間が1日8時間30分になってしまいますので，8時間以内に収めなくはいけないのです。

杉 本　知らなかったです。ところで，終業時刻を18時にしても大丈夫でしょうか？　よく考えたら，働きすぎるとクライアントに良い提案が提供できないかと思って。

大 竹　もちろん大丈夫です。8時間以内でしたら何時間でも大丈夫ですが，正社員の勤務時間を7～8時間で設定している会社が多いですね。
　　　会社が決める勤務時間は「**所定労働時間**」というのですが，所定労働時間が短いと従業員も働きやすく，長期雇用につながり，人材も集まってくることがありますね。

杉 本　従業員には長く働いてもらいたいですし，それは良いことですね。
　　　大竹先生，今日もありがとうございました。

Ⅱ 残業は何時間でもさせていいの？

大　竹　杉本社長，こんにちは。最近，お仕事は順調ですか？

杉　本　おかげさまで順調です。クライアントも増えてきて，月末には残業しないと仕事が終わらない日も出てきそうです。

大　竹　順調とは素晴らしいですね！　ところで，もし残業する可能性があるなら，先に残業の許可を取るために監督署に届出を出す必要があります。

杉　本　うちが残業させることを届出しなくちゃいけないのですか？　残業代を支払っていれば，残業させても良いのではないですか？

大　竹　もちろん残業代はきちんと支払わなくていけないですが，本来，従業員を1日8時間，1週間40時間以上働かせてはいけないのです。ただ，この届出を出すことで，その時間以上働いてもらうことができるのです。つまり，残業の許可証なんですよ。

　　たとえば，車の運転をするときは，運転免許証が必要です。運転免許証は，運転の許可を受けた許可証ですよね。それと同じような考えです。

杉　本　そうなんですね。知らないで残業させるところでした。その届出はどういうものですか？

大　竹　正式には「時間外・休日労働に関する協定届」といいます。労働基準法第36条が根拠になっていることから，通称「36（サブロク）協定」と呼ばれています。様式が決まっていて，各労働局のWEBサイトから無料でダウンロードできます。

杉　本　大竹先生，その36協定を提出すれば何時間でも残業させることがで

きるのですか？

大 竹 社長，それはできないのですよ。月・年単位で上限値が決まっていて，月は45時間，年は360時間が上限になります。

杉 本 先生，でも毎月上限の45時間残業させたら，年間で540時間になってしまいますよ！

大 竹 さすが杉本社長，計算が早いですね。年間の上限を超えないためには，月平均30時間に収まるように残業時間の調整をしなくてはいけないのです。

杉 本 たとえば，クライアントからのクレーム対応などで一時的に業務が集中して上限を超えてしまった場合は，違反になってしまうのですか？

大 竹 もし，予見できない一時的や突発的に業務量が増える可能性があるようでしたら，特別条項付きの３６協定届を出すことで違反にはなりません。ただし，「何となく忙しくなりそうだから」といった場合には認められませんので，注意してくださいね。

杉 本 特別条項付きとはいえ，上限はあるのですよね？

大 竹 社長，鋭いですね。特別条項付きの３６協定届にも月・年単位で上限は決められていますし，月平均も取らなくてはいけなくなります。また，上限を超えてもよい回数は年6回まで，さらに，健康および福祉を確保するための措置をとるなど，会社が対応しなくてはならないことが増えてきています。

　やはり，長時間労働が続くと，従業員の方の健康不安や離職者が増えてきたりしますので，計画的に事業を進めることをおすすめします。

杉 本 仕事が増えてきたら，新しい人を採用するなどの対策が必要ですね。

Ⅲ	労働時間になるもの

杉　本　大竹先生，こんにちは。

　　　　実は，タイムカードを見て困ったことがおきまして，ご相談に来ました。

大　竹　杉本社長，こんにちは。タイムカードを見て何がお困りなのですか？

杉　本　いや，細かいことですが，うちの始業時刻は9時30分からなのですが，タイムカードを見たら8時に出社している従業員がいるんですよ。

　　　　本人に話を聞くと，「満員電車が嫌だから，会社に早く来て，朝ごはんを食べながら新聞を読んだり，「勉強」をしている。」という話です。これって，労働時間に含めないといけないのですか？

大　竹　まず，労働時間は，「会社や上司の指揮命令下に置かれていた時間であるかどうか」で判断します。

　　　　今回は，会社には出社していましたが，業務に必要だからと，社長が「勉強」の指示を出していたのではないのですよね。あくまでも，社長の指揮命令があったとはいえないので，労働時間に含める必要はありません。

　　　　ただ，その間に業務上のメールをチェックしたり，何らかの業務を行っている場合は，注意してください。

杉　本　先生，何を注意したらよいのでしょうか？

大　竹　労働時間と考えられるのは，「使用者の業務命令がある場合」なのですが，自発的に残業していることを黙認していたり，はっきりと口にしていなくても「残ってやってくれるよね」という，いわゆる「黙示の指

示」があったと考えらえる場合は，労働時間になってしまいます！

杉 本 そうなんですね。こちらも管理しなくてはいけないですね。

　　ところで，この業務命令って，接待なども入ってしまうのでしょう
か？　よくクライアントと終業時間後に飲みに行くときに従業員も同席
することがあるのですが，一応，私が指示を出しているし，心配になり
ました。

大 竹 接待は，取引先との良好な関係を維持や構築するために行うことが多
く，飲食やゴルフなど業務とは直接関係しないと考えられる場合には，
一般的には労働時間に含まれません。たとえ費用がすべて会社持ちで，
接待の際，仕事の話をすることがあったとしても，それだけでは労働時
間とはならないことが多いです。

杉 本 よかったです。では，どんな接待だとしたら，労働時間になってしま
うのでしょうか？

大 竹 たとえば，業務命令で宴会の準備や進行，接待に関する雑務，クライ
アントの送迎などを行った場合は，労働時間とみなされる可能性があり
ます。また，それ以外でも，接待が強制参加であり従業員が拒否するこ
とが認められない場合や，接待時間の大部分を業務上重要な打ち合わせ
を行うといった場合は，労働時間と判断されることもありえますね。

杉 本 うちは，気軽にクライアントと飲んでいるだけだから，大丈夫ですね。

大 竹 社長，気軽にといっても，回数が多いと労働時間になる場合があるの
で，注意してくださいね。

杉 本 わかりました。気をつけるようにします。

第3章
賃　　　　　金

採用

労働時間

賃金

休日・休暇

退職

ハラスメント

テレワーク

Ⅰ 賃金支払いの5原則

大　竹　杉本社長，こんにちは。今日は，どのようなご相談ですか？

杉　本　先日，プレゼン資料の翻訳をお願いした外国人のアルバイトから，「給与をドルで支払って欲しい。」とお願いされたのですが，支払っても大丈夫ですかね？

大　竹　最近，外国人の従業員も増えてきているので，こういった要望が増えてきていると思いますが，法律で，給与は日本円で支払うことになっているんです。もし外貨で支払うとなると，為替レートによって不利益になる場合があるので，原則禁止しているんです。

杉　本　確かに，為替レートで変わってきてしまいますね。今まではあまり気にしないで給与を支払っていましたが，法律で支払いについてのルールが決まっているとは知りませんでした。

　　　　　他には，どのようなことに気を付けたら良いでしょうか？

大　竹　給与の支払方法は，労働基準法で決められていて，「賃金支払いの5原則」といわれています。

---

① 現物給与の禁止

② 直接払いの原則

③ 全額払いの原則

④ 毎月1回以上の原則

⑤ 一定期日払いの原則

この5つについて説明しますね。

まず，①の「現物給与の禁止」は，「給与の代わり」に自社製品や商

品券などで賃金を支払うことを禁止しているものです。つまり，原則，
給与は「通貨」で支払わなくてはいけないことになっています。ここで
いう通貨は，「日本円」ということになります。今話題の電子マネーも
通貨ではないので，給与として支払うことは今のところできません。

杉　本　今後は，電子マネーを選びたい人もいるかもしれないですね。ところ
　　　　で，原則として，通貨で支払うというのは，「現金払い」ということで
　　　　すか？

大　竹　原則はそうですが，支払方法については，従業員の同意があれば銀行
　　　　振込でも大丈夫です。いまは防犯の面からも，銀行振込を利用している
　　　　会社がほとんどかと思います。
　　　　　②の「**直接払いの原則**」は，賃金は直接従業員に支払わなければいけ
　　　　ないということです。たとえば，未成年の従業員の賃金でも，親権者や
　　　　後見人が受け取ることはできません。

杉　本　働いた本人以外には，支払うことはできないのですね。

大　竹　例外として，病気などで本人が給与を受け取りに来られない場合は，
　　　　配偶者（「使者」といわれています）が代わりに受け取ることができま
　　　　すが，いまは銀行振込が多いので，あまりないと思います。
　　　　　それ以外に，法律にもとづく税金滞納や民事執行などの「**給与差し押
　　　　さえ**」に該当する場合は，会社から債権者に支払うことも考えられます。

杉　本　会社としては手続きが増えるので，「給与差し押さえ」がないことを
　　　　祈ります。

大　竹　そうですね。③の「**全額払いの原則**」は，賃金は全額を支払わなけれ
　　　　ばいけないということです。たとえ会社の経営状況が厳しいなどの事情
　　　　があっても，分割払いは認められません。

杉　本　「全額」というのは，所得税などは勝手に差し引いてはいけないということですか？

大　竹　法令に別段の定めがある税金や社会保険料などは，差し引いてから支払いをしても大丈夫です。

　　　　　ただし，社員旅行の旅行積立金などを給与から徴収したいといった，会社独自のやり取りがある場合は，労使協定（会社と従業員の間で確認した内容を書いた書類）を結ばないと給与から差し引くことはできませんので，注意してください。

杉　本　労使協定のやり方もわからないので，そのときは先生に相談させていただきます。

大　竹　はい。いつでも相談してください。④の「毎月1回以上の原則」は，賃金は毎月1回以上支払わなければならないということです。1回以上であれば，2回でも3回でも構いません。たとえば，年俸制でも1年に1回支払うのではなく，毎月に分割して支払う必要があるということです。

杉　本　うちも年俸制にしようかと思っていたので，参考にします。

大　竹　⑤の「一定期日払いの原則」は，賃金を決まった日に支払わなければならないということです。たとえば，支給日を毎月25日や月末というように日にちを決めます。そのため，支給日を25日〜月末というように不定期に設定することはできません。

　　　　　④と⑤に関しては，毎月の従業員の生活を安定させるためのものであるため，臨時に払われる賃金や賞与などの支払いには適用されません。

杉　本　先生，給与の支払方法は，いろいろと決まっているのですね。今のところ，うちの会社は法律に触れているところがなくて安心しましたが，判断が難しいことが出てきたら，相談させてください。

大　竹　賃金は，従業員の生活の基盤となるものですから，支払方法も罰則付きで法律で決められています。些細なことでもお困りになりましたら，いつでも連絡をしてください。

杉　本　わかりました。罰則を受けないように，１つ１つ確認をしていきます。

杉 本　先日，ご相談したアルバイトから正社員にしようと考えていた従業員の件ですが，本人も希望しているので，来月から契約を変更しようと思っています。

　　　　そこで，給与を月給制にする場合に注意する点はありますでしょうか？

大 竹　正社員の話が進んでよかったですね。やはり，アルバイトから正社員になると雇用も安定しますし，事業も拡大しやすいですよね。

　　　　給与ですが，基本給のほかに手当などを支給するお考えはありますか？

杉 本　アルバイトのときは，時給と交通費だけ支給していましたが，手当にはどのようなものがありますか？

大 竹　手当には，法律上支給しなくてはいけないものの「時間外手当・深夜残業手当・休日出勤手当」などと，会社が任意で決めるものの「通勤手当や扶養家族がいる場合の家族手当，賃貸住宅や持ち家の費用補助のための住宅手当」の2つに大きく分かれます。

杉 本　通勤手当は，任意なんですね。

大 竹　そうなんです。通勤手当の上限額を会社が決めることもできます。

杉 本　通勤手当は出したいと思いますが，新幹線代は払えないですね。それから，長期で働いてもらいたいので，家族手当は支給したいと思っています。他は，従業員の人数が増えてきたら管理職に対するものとかも考えています。それくらいですかね。

大　竹　手当は会社の成長に応じて見直しもあるでしょうし，その手当を支払
　　　　う意味などを考えながら設計していきましょう。

　　　　　杉本社長，その前に会社が給与を決めるうえで守らなければならない
　　　　ものの1つに「最低賃金」というものがあるのですが，ご存知ですか？

杉　本　最低賃金は聞いたことがありますが，詳しいことはわからないです。
　　　　先生，どういった内容ですか？

大　竹　「最低賃金」は，国が1時間あたりの賃金の最低額を決め，使用者は，
　　　　その最低賃金額以上の金額を労働者に支払わなければならないとする制
　　　　度です。種類は，「地域別最低賃金」と「特定（産業別）最低賃金」の
　　　　2種類に分かれています。

　　　　　地域別最低賃金は，正社員，パートタイマー，アルバイトなど雇用形
　　　　態や呼称に関係なく，すべての労働者とその使用者に適用されます。

　　　　　一方，**特定（産業別）最低賃金**は，特定の産業の基幹的労働者とその
　　　　使用者に対して適用されます（18歳未満または65歳以上の方，雇入れ
　　　　後一定期間未満の技能習得中の方，その他当該産業に特有の軽易な業務
　　　　に従事する方などには，適用されません）。

杉　本　大竹先生，「地域別」ってなんですか？

大　竹　地域別とは，従業員の住んでいるところではなく，会社がどこにある
　　　　かによって最低賃金がそれぞれ決められているということです。そのた
　　　　め，地域ごとの特性（経済力など）を踏まえ，47都道府県ごとに毎年
　　　　見直しがされています。

　　　　　たとえば，事業所がたくさんある企業では，支店の地域ごとに最低賃
　　　　金が異なるため，地域差は約200円以上になる場合もあります。

杉　本　200円とは大きいですね。ところで，最低賃金は1時間あたりの金額
　　　　で示されますが，月給制の従業員の最低賃金の計算の仕方は，どのよう

にするのですか？

大　竹　月給制の場合は，「基本給＋手当を1か月平均所定労働時間で割った金額」が最低賃金の時給になります。注意していただきたいのは，以下の①〜⑥の手当は 最低賃金の計算の対象となりません。

　　　御社の通勤手当と家族手当は，最低賃金の対象外になりますので，基本給から時給を出したものが地域の最低賃金を下回っていなければ大丈夫です。

① 臨時に支払われる賃金（結婚手当など）
② 1箇月を超える期間ごとに支払われる賃金（賞与など）
③ 時間外割増賃金
④ 休日割増賃金
⑤ 深夜割増賃金
⑥ 精皆勤手当，通勤手当及び家族手当

杉　本　家族手当は入らないのですね。今後も最低賃金に注意しながら，給与を決めていきます。

大　竹　そうですね。ちなみに，最低賃金を下回っている場合は，強制的に最低賃金額に引き上げがなされることと，「最低賃金法違反」として行政から罰則を受ける場合もありますので，十分に注意してください。

杉　本　わかりました。最低賃金の額が変わるときには教えてください。

Ⅲ　残業代の計算方法

杉　本　先生，知り合いの社長から，残業代の計算を間違ってしまい，追加で多額の給与を支払ったという話を聞いて，うちの会社は正しくできているのか，不安になりました。

大　竹　そうですか。給与は正しく従業員に支払ってあげなければならないですよね。従業員の生活もありますし，後から追加で支払うことになると，会社の資金繰りにも直結しますしね。

杉　本　そうなんです。絶対に間違えてはいけないものなので，残業代の正しい計算方法を教えてください。

大　竹　残業代は，「残業時間×残業単価×割増賃金率」という3つの要素を使って計算します。

　　　まず，1つ目の**残業時間**は，所定労働時間を超えた時間を集計します。御社は，就業時間が9時30分から18時で休憩時間が1時間ですので，所定労働時間の7時間30分を超えた時間が時間外労働，いわゆる残業時間になります。

杉　本　先生，所定労働時間を超えた時間が対象だから，始業前も残業なんですね。

大　竹　そうなんです。ですから，朝の時間もきちんと管理することが大切です。

　　　それから，残業時間の日々の集計は1分単位になりますが，1か月分を集計する時に集計した時間数に1時間未満の端数がある場合は，30分未満の端数を切り捨て・それ以上を1時間に切り上げる端数処理も認

められています。時々見かけるのですが，毎日 30 分未満を切り捨てにしないように注意してくださいね！

杉 本 毎日はダメなんですね。残業時間については，わかりました。

　　　次に 2 つ目の**残業単価**ですが，これは月給を時給に換算した金額でいいのですか？

大 竹 考え方はあっていますが，月給の諸手当のなかには，残業単価に入れなくて良いものがあります。

　　　たとえば，通勤手当を支給している場合は，従業員は住むところを自由に決められますよね。遠くに住んでいる方のほうが残業単価は高くなるということでは不公平です。したがって，以下のような個人的な事情による手当については，残業単価に含めなくて良いと定められています。

残業代の単価に含まなくて良いもの

家族手当……扶養家族の数に応じて支給額を決定する手当

通勤手当……通勤距離や通勤に要する費用に応じて支給額を決定する手当

別居手当……単身赴任等で別居を余儀なくされ，その生活費を補うために支給する手当

子女教育手当……子の教育費を補助するために支給する手当

臨時に支払われた賃金……結婚祝金や見舞金など，突発的な理由で支給する手当

1 か月を超える期間ごとに支払われる賃金……賞与など

住宅手当……住宅に要する費用に応じて支給額を決定する手当

杉 本 むしろ，近くに住んでくれたほうが通勤手当もかからないし，緊急時にすぐ駆けつけてくれる場合があるかもしれないので，違う手当を支払いたいくらいですね。

大　竹　そういった事情で，近距離手当を支給している会社もありますね。それでは，最後に3つ目の割増賃金率についてお話します。

　　　割増賃金率は，時間外労働，休日労働，深夜労働（22時から5時）をさせた場合には，通常の賃金よりも割増しをした賃金を支払う必要があります。これは法律で最低の率が決められていて，時間外労働125％，休日労働135％，深夜労働125％，また，1か月60時間以上の時間外労働は150％になります。

杉　本　150％！　もはや，もう1人雇えますね。

大　竹　60時間以上の割増率については，中小企業でも2023年4月1日から適用される予定ですから，残業が多い会社は今から少しずつ労働時間の対策を取っておく必要がありますね。

杉　本　うちも，残業が増えてきたら採用する方向で考えます。

　　　ところで，時間外労働は，所定労働時間を超えた時間から125％の賃金になるのですか？

大　竹　いいえ。まず，時間外労働の割増をつけなくてはいけないのは，法定労働時間（1日8時間，週40時間）を超えたところからになります。御社の所定労働時間は7時間30分なので，8時間までの30分間は通常の賃金を支払えば大丈夫です。もちろん，この30分間を125％にしても法律に定める率を上回ることになるので，構いませんよ。

杉　本　それも考えておきます。

　　　ところで，休日労働は，土日とも対象になりますか？

大　竹　休日労働は，法定休日が対象になるので，会社が決めた土日のどちらかになります。日曜日を法定休日と決めたら，土曜日は時間外労働の125％を支払うことになります。

杉　本　残業代の計算って，複雑なんですね。

大　竹　そうですね。今は給与計算ソフトを使用している会社が多いので，初
　　　　期設定をきちんと行えばミスも減るはずです。

　　　　　それから，未払の賃金が仮にあった場合ですが，2020年4月1日以
　　　　降に支払う給与から，支払った時点から3年後まで請求できるようにな
　　　　りました。今までは2年まででしたが，1年延長されたんです。1年延
　　　　びた分，間違った金額が大きいと経営にも影響が出ますよね。

杉　本　先生，不安を解消したいので，一度うちの給与計算の設定が正しいか
　　　　を確認していただけますでしょうか。

大　竹　お任せください。いつでもご連絡をください。

Ⅳ　減　　給

杉　本　先生，無断欠勤や遅刻を繰り返す従業員がいた場合は，給与を下げる
　　　　ことはできますか？

大　竹　そのような従業員の方がいらっしゃるんですか？

杉　本　いいえ，今はそんな従業員はいないですが……。

　　　　ゆくゆく会社を大きくしたいと考えているなかで，毎日遅れないよう
　　　　に出勤してくれる従業員と欠勤・遅刻が減らない従業員がいた場合に，
　　　　何もしないのは不公平じゃないかと思ったんです。「少しなら遅刻して
　　　　も許される」となってしまったら困るなと。うちはお客様の相談に応じ
　　　　るのが仕事で，「いつも返事が遅い！」と言われてしまうのは，致命的
　　　　です。いまのうちに準備ができればと思いまして，相談しました。

大　竹　そうですね。トラブルが起こる前に備えておくことも大事ですね。

　　　　まず，無断欠勤や遅刻については，勤務時間を満たしていないので，
　　　　その時間分を給与から差し引くことはありますよね。「ノーワーク・
　　　　ノーペイの原則」といって，働いていない時間分は給与を払わないとい
　　　　うことです。たとえば，電車の遅延によって出勤が遅れた場合も含まれ
　　　　ます。

　　　　杉本社長のご質問はそういうことでなくて，勤務態度を改善してほし
　　　　いからということですか？

杉　本　もちろん働いてない時間は給与から差し引きますし，それ以外に口頭
　　　　でも注意しますが，さすがに回数が多いと周りの従業員への影響も出て
　　　　きてしまうので，「何かしらの処分をせざるを得ないかな。」と考えてい
　　　　ます。

大　竹　無断欠勤等を理由に給与を下げる場合は，懲戒処分による「減給」が考えられます。従業員が職場の秩序を乱したり，規律違反をしたことなどを理由に，制裁として給与の一部を減額することです。

　　　しかし，上限なく減給が実施されると従業員の生活が困難になってしまうため，減給には一定の上限と回数が法律で決まっています。

杉　本　減給も法律で決まっているんですね。

大　竹　法律で決まっているのは金額の上限と回数なので，会社が懲戒による減給処分を実施したい場合は，想定される減給の理由事項を前もって示しておく必要があります。

杉　本　そうなると，やはり就業規則が必要になりますね。こちらは後で相談させてください。

大　竹　わかりました。減給の上限ですが，1回の減給の上限額は，平均賃金の1日分の半額までです。

　　　また，複数回の減給処分を重ねたとしても，減給総額は一賃金支払期における賃金の総額の10分の1を超えてはならないとされています。

　　　そして，1回の規律違反に対して，減給処分を行えるのは「1回限り」になります。

杉　本　1か月に何度も規律違反しても，減額の上限は月額の10分の1を超えてはいけないのでしょうか？

大　竹　あくまで一賃金支払期において10分の1を超えてはいけないので，減給の金額が消滅するわけではないのです。そのため，翌月以降に差額を減給することは可能です。

杉　本　ときどき，「報酬を3か月間50％減給する」というニュースを聞くのですが，それは大丈夫なのでしょうか？

大　竹　ニュースで取り上げられているものは，取締役や公務員の減給のこと
　　　かと思います。彼らには労働基準法が適用されないので，問題はありま
　　　せんが，従業員に対して同様の減給処分はできませんから，注意してく
　　　ださいね。

　　　　減給には，今回の懲戒処分以外にも降格による減給や会社都合による
　　　減給などがありますが，不要な労務トラブルを起こさないためにも，就
　　　業規則を作成してきちんと記載しておく必要があります。

杉　本　減給することよりも，まず就業規則を整備して，日頃から服務規律を
　　　徹底して，業務を行ってもらうことに専念したほうがいいですね。

第4章
休　日・休　暇

採用

労働時間

賃金

休日・休暇

退職

ハラスメント

テレワーク

I 1週間連続で働かせるのはいけないの？

大 竹 日曜日はいいお天気でしたけど，どこかに出かけられましたか？

杉 本 日曜日は，会社で仕事をしていました。毎月最後の週はいつも忙しくて……。事務の従業員にも，毎月最終週だけは土日も出社してもらっています。

大 竹 土日は，休みじゃないのですか？　事務の従業員さんは，1週間休みなしなのでしょうか？

杉 本 基本的には土日が休みですが，最終週だけは毎月出勤をお願いしています。事務の従業員は，みんな1日5時間勤務なので，毎日働いても週35時間です。残業代も払わなくていいはずですし，特に問題ないですよね？

大 竹 杉本社長，それはちょっと問題です。なぜならば，週に1日は必ず休みを与えなければならないことになっているんです。週の法定労働時間は確かに40時間ですが，週7日間働かせるのはルール違反になってしまいます。

　　週に1度の休みのことを「**法定休日**」といって，法律で毎週少なくとも1日は休日を与えることが定められています。

杉 本 なるほど，週の労働時間の制限もあるし，日にちにも制限があるのですね……。

大 竹 そうなんです。ですから，日曜日を法定休日とし，土曜日を「法律で決められた以上の休日＝所定休日」と定めている会社が多いですね。

　　法定労働時間が1日8時間ですから，週5日働くと週の法定労働時間

40 時間ぎりぎりになります。そのため，週休 2 日制を採用している会社が多いです。

杉　本　法定休日を日曜日と決めておく必要はあるのでしょうか？　「土日のどちらかが法定休日としておければ良いのかな。」と思うのですが……。

大　竹　仮に，いずれかの休日に働いていたとして，その休日が所定休日になるか法定休日になるかで手当の割増率が変わってきます。賃金を計算するにあたっては，時間外手当なのか休日手当なのかを明確にするために，法定休日を定めておくことは重要です。

　　　法定休日を何曜日にするかは，会社で決めることができます。就業規則に法定休日の定めがない場合は，日曜日が起点とされますので，土曜日が法定休日となる取扱いがなされます。

杉　本　知りませんでした。1 週間の労働時間は 35 時間だし，割増賃金の支払いも必要ないと思っていました。

大　竹　週に 1 度の法定休日が必要なだけでなく，もし，法定休日に出勤した場合には，割増賃金を支払わなければならないことになっています。

杉　本　賃金の計算にも関わってくるのですね……。法定休日は，日曜日に定めることにします。

　　　ところで，もともと休日ではなかった日を「急遽，休日にする」ということはできますか？　たとえば，「来週金曜日に台風が来る予報が出ているから，急遽，全社で休みにしたい」ときなどです。

大　竹　それは，休日とはならないですね。そもそも休日というのは，雇い入れ時の契約や就業規則によって定められるものです。急遽，「休みにしたいから」という場合は，休日ではなく休暇となります。

杉　本　同じ「休み」のような気もしますが，休日と休暇は違うのですね。

大 竹 「休日」と「休暇」の考え方も，お伝えしなければならないですね。それは，また後日にお伝えしましょう。

杉 本 まずは，必ず週1回の法定休日を確実に取らせるように，月末の業務の割り振りを改めていこうと思います。

Ⅱ　有給休暇は絶対に与えなければならないの？

杉　本　従業員から有給休暇の取得の申請を受けました。うちの会社は，限られた人員で業務にあたっていますし，有休なんて取られたら仕事が回らないので困ります。有給休暇を取らせない方法はありますか。

大　竹　有給休暇は，従業員の権利です。「休まれると困る！」という社長のお気持ちもよくわかりますが，有給休暇を取らせないことはできません。

杉　本　そうなのですね……。働いていない日の分まで，給料を出さなければならないなんて，つらいなぁ……。

大　竹　ちょっと視点を変えて考えてみましょう。従業員のみなさんが有給休暇を取ることで，会社が得られるメリットもあるんです。
　有給休暇を従業員のみなさんが取ることによって，生産性やモチベーションの向上，従業員の定着率の上昇など，前向きに働ける要因になるといわれています。リフレッシュする効果は大きいですね。さらに，従業員がどうしても休みを取らなければならない場合（通院や育児や介護など）にも，有給休暇の範囲内であれば給料が保証されるという安心感も得ることができます。

杉　本　確かに，病気や育児などのやむを得ない場合に使ってもらうのは構わないですが，やはり納得できない部分もあります……。

大　竹　そうですね。さらに，有給休暇の取得率がなかなか上がらなかったこともあって，2019年4月からは，年間5日間は有給休暇を取得させることが企業側に義務付けられました。有給休暇は，本来は従業員から「この日に取りたいです。」という請求があったときに休暇を与えること

とされていますが，従業員から請求がなくても企業が時期を指定して有給休暇を取らせなければならなくなったのです。

杉　本　えっ，有給休暇を取らせない方法がないどころか，従業員からの希望がなくても，こちらから話をして取らせなければならないのですか？

大　竹　そうです。半年以上継続して働いている，かつ，その半年間8割以上出勤している場合は，10日の有給休暇を与えなければなりません。そして，継続勤務年数によって，10日，11日……と，上限を20日として付与日数が増えていきます。付与される日数が10日以上の労働者に対しては，最低で年5日を指定して有給休暇を取得させることが義務付けられました。

杉　本　有給休暇を会社から指定した日にちに取らせなければならないなんて，おかしな感じがします。先ほどの「この日に取りたいです。」と言ってきた従業員には，どのようにすれば良いのでしょうか。

大　竹　先ほど「時期を指定する必要がある。」と言いましたが，従業員が自分から請求・取得した場合は，時期の指定をする必要はありませんし，時期の指定をすることもできません。あくまでも，取得を促すことを目的として，従業員自らが取得の請求をしてこないことを想定して，時期の指定をすることが義務付けられています。

杉　本　全員が「1年間に5日の休み」を取ることが，最低ラインとされているのですね。

大　竹　そのとおりです。5日の取得が義務付けられると同時に，有給休暇を管理するための「年次有給休暇管理簿」を作成し，3年間保存することも義務付けられました。

杉　本　義務が多すぎます……。

大 竹　それだけ国が力を入れているということです。優秀な人材を獲得することが厳しくなっている昨今，就職活動の際に有給休暇の取得率をチェックする方も多いと聞きます。

杉 本　そうですね。採用面接の場面でも，「御社の有給休暇の取得率は，どれくらいですか？」と聞かれることが多いです……。

　　　ところで，先ほどいっていた「年次有給休暇管理簿」は，どのように作成すれば良いのでしょうか。

大 竹　年次有給休暇管理簿は，労働者管理簿や賃金台帳と併せて作成することも可能で，特に決められた様式はありません。基準日，取得日数，有給休暇を取得した日付を記載すれば，どのような様式でも差し支えありません。年次有給休暇管理簿のフォーマットは，私のほうで作成しますね。

杉 本　ありがとうございます。今後は，従業員が最低で年5日の取得をしても支障がないように，働き方を考えていかなければなりませんね。

大 竹　働き方改革が近年注目されているように，「日本は長時間労働が問題だ。」と言われています。働く時間が人生の大半を占めているのはわかりますが，働く時間だけが人生ではありません。

　　　有給休暇を休息の時間としたり，学びや遊びの時間としたりするのは従業員の自由ですが，さまざまな経験をすることで，それを仕事に還元でき，新しいアイデアが生まれたり，効率化が図れたりすることもあるのではないでしょうか。有給休暇は，仕事にもきっと良い影響を与えると思いますよ。

杉 本　そうですね。従業員の成長が会社の成長と考えて，前向きに取り組んでいきたいと思います。

Ⅲ　アルバイトにも有給休暇ってあるの？

杉　本　大竹先生から有給休暇の必要性のお話を聞いて，すぐに正社員に向けて説明したのですが，アルバイトの従業員からも，「有給休暇をとりたい。」と言われてしまいました。アルバイトは時給で計算しますし，有給休暇はそもそもないですよね？

大　竹　杉本社長，アルバイトさんでも一定の要件を満たしている場合には，有給休暇は発生しているんですよ。

杉　本　ええ！　正社員の有給休暇はわかりますが，アルバイトにも有給休暇があるなんて……，知りませんでした。

大　竹　法律で定められた有給休暇は，1年に1回与えられるため，「**年次有給休暇**」と呼ばれています。「年休」ともいわれるこの有給休暇は，正社員，パート，アルバイトなどの働き方の違いに関係なく，次の条件を満たす従業員には，与えなければなりません。

> ・ 雇われた日から6か月以上継続勤務する方
> ・ 決められた労働日数の8割以上出勤した方

　これらの条件を満たせば，雇われた日から6か月を経過した時点で10日の有給休暇が与えられます。その後は毎年，年20日を上限として，年次有給休暇の付与日数は増加します。

有給休暇の付与日数（基本）

勤務年数	0.5 年	1.5 年	2.5 年	3.5 年	4.5 年	5.5 年	6.5 年以上
付与日数	10 日	11 日	12 日	14 日	16 日	18 日	20 日

　1週間の所定労働時間が30時間未満で，かつ，1週間の所定労働日数が4日以下の短時間従業員については，所定労働日数に応じた日数を与えられることになります。

　なお，所定労働日数が週によって決められていない場合は，別途定められている「1年間の所定労働日数」で判定します。

短時間従業員の有給休暇の付与日数

週所定労働日数	1年間の所定労働日数	勤　務　年　数						
		0.5年	1.5年	2.5年	3.5年	4.5年	5.5年	6.5年以上
4日	169日から216日	7日	8日	9日	10日	12日	13日	15日
3日	121日から168日	5日	6日	6日	8日	9日	10日	11日
2日	73日から120日	3日	4日	4日	5日	6日	6日	7日
1日	48日から72日	1日	2日	2日	2日	3日	3日	3日

杉　本　うちのアルバイトは，1日4時間，週5日の契約で働いています。その場合は，短時間従業員にはならないということですね。

大　竹　そうですね。短時間従業員になるのは，週30時間未満かつ週4日以下の条件で働いている従業員です。逆にいえば，週30時間以上または週5日以上の条件で働いている従業員は，パートやアルバイトでも正社員と同じ日数の有給休暇を与えなければならないということです。

杉　本　パートやアルバイトでも，正社員と同じ日数の有給休暇を取れるということですね……。アルバイトにも有給休暇を与えなければならないとは，知らなかったです。

大　竹　今はインターネットなどで，簡単に情報を得られる時代です。アルバイトにも有給休暇があることを知っている人も多いです。有給休暇は，

当然に発生する従業員の権利ですから，アルバイトだとしても，会社は有給休暇の取得を拒否することはできません。

杉　本　ちなみに，従業員が有給休暇を申請した日を会社が変更することはできるのでしょうか？　「この日は忙しいから別の日にして欲しいな」というときもあるかなと思って……。

大　竹　有給休暇の申請日を変えてもらうことは可能です。ただし，日にちの変更をするためには，「事業の正常な運営を妨げる事由」が必要とされています。

杉　本　「事業の正常な運営を妨げる事由」って，どんなことですか？

大　竹　たとえば，ある一定の日に従業員全員が「有給休暇を取りたい。」と言ってきたとします。通常の営業日に全員が休まれてしまっては，会社としてはさすがに困りますよね。そういった場合には，話し合いなどで従業員の方と調整をして，有給休暇を取る日を変更してもらうことは可能と考えられます。

杉　本　「なんとなくその日は忙しくなりそうだし，休まれたら困るかな……」というのでは，足りないということですね。

大　竹　そうですね。他にも，有給休暇を取った従業員に対して不利益な取扱いをすることを禁止しています。有給休暇を取っていない従業員には精勤手当の支給があるのに，有給休暇を取った従業員には精勤手当を支給しないなど，有給休暇を取ったことによって差別をしてはいけないということですね。

杉　本　そうなんですか……。有給休暇を取らずに働いている従業員は，頑張ってくれているという評価にしがちですが，その考え方を改めなければならないですね。

大　竹　有給休暇を取ることで得られるメリットは，正社員でもアルバイトで
　　　　も変わりません。

　　　　　今は，多種多様な働き方が増えてきていますよね，アルバイトの従業
　　　　員に対しても，働きやすい制度を整えることが重要になってきています。

杉　本　わかりました。アルバイトの方にも，しっかりと有給休暇を取っても
　　　　らうようにします。

IV 代休を取ったのに休日手当を支払わなければならないの？

杉 本 先日，クライアントから急な依頼があり，すぐに対応しなければならない案件だったので，従業員に土日も出勤してもらったんです。やむを得ないことだったのですが，休日手当を払うのも面倒なので，日曜日の分は翌週に休みを取ってもらうことにしました。この場合には，休日に出勤した分の手当は支払わなくて良いのですよね？

大 竹 杉本社長，今回の休日出勤について，あらかじめ休日を別の日にすると従業員の方と決めていましたか？

杉 本 いえ，これまでは，休日に出勤した場合には，手当を支払っていました。ただ，今回は，翌週の業務が比較的少なかったこともあり，他の日に休みを取ってもらうことにしようと後から決めたんです。

大 竹 そうですか……。この場合は，休日手当を支払わなければならないですね。

杉 本 えっ，休みを取ってもらったのにですか！ それでも休日手当を支払わなければならないのですか？

大 竹 そうなんです。そもそも休日手当の支給が必要となるのは，休日に働いた日が「**法定**」休日の場合です。御社は，日曜日を法定休日と設定していますので，日曜日の出勤については休日手当を支払う必要があります。一方で，土曜日は御社の「**所定**」休日ですから，休日手当の支払いは不要です。

杉 本 以前，大竹先生から教えていただいたとおり，日曜日に出勤した場合は休日手当を支給しています。別の日に休みを取ってもらっただけなの

で，休日手当まで払わないといけないのでしょうか？

大 竹 今回は，休日に出勤した分の代わりの休みを与えたとのことでしたが，これだけでは休日手当を払わなくても良いということにはなりません。休日手当を払わなくてもよいのは，「振替休日」として日にちを変更したときです。

　　　では，その「振替休日」とは，どのようなものかというと，次の3つの条件を満たした場合をいいます。

> ① 就業規則に休日の振替を行うことを規定する。
> ② 遅くとも前日までに振替休日を予告する。
> ③ 1週1日もしくは4週4日の休日を確保したうえで振替休日を特定している。

　　　この3つの条件を満たした場合は，休日を「振り替える」ことができます。休日を振り替えた場合には，そもそも休日だった日が労働日となり，労働日であった日が休日となります。そのため，休日手当を支払う必要がなくなります。

杉 本 今回は，休日出勤の前日までに振替休日を定めていなかったから，休日手当を支払わなければならないということですね。

大 竹 そのとおりです。また，土日とも出勤した場合などは，振替休日を翌週に設けないと，1週間に1日の休日を確保できなくなる可能性もあります。よって，振替休日は出勤日から離れた時期に設定せず，翌週に設定することをおすすめします。

杉 本 わかりました。

大 竹 就業規則に，休日の振替を行うことを定めておくことも必要です。いまは就業規則がないので，従業員に事前に個別の同意を取りましょう。

杉　本　今回は急な依頼だったこともあり，対応が後手になってしまいました。今後は，休日出勤とならないように事前準備をしたいですし，もし休日出勤になりそうであれば，前日までに振替休日を設定しようと思います。

大　竹　そうですね！
またわからない点が出てきましたら，いつでも相談してくださいね。

V 育児休業は絶対に与えなければならないの？

杉 本 大竹先生，ちょっと相談があります。

うちの従業員が妊娠したのですが，困ったことが起きまして……。

大 竹 それは，おめでとうございます！　困ったこととは何ですか？

杉 本 妊娠した従業員から，「産休・育休を取りたい！」と言われたんです。先生もご存知のとおり，うちは従業員も少ないですし，長期間で休まれてしまうと，代わりの従業員を入れなければ仕事が回りません。

「育休後は復帰したい！」とも言われてしまって……。1年以上の休みを取ることになると思うのですが，その間だけ誰か代わりの人を採用するのも難しいんですよね。

大 竹 そうでしたか。産前産後休業，育児休業を合わせると，1年以上の休業になりますからね。その間の人員を確保しなければならないのは，大変ですよね。

杉 本 はい……。新しい人を入れたとしても，育児休業から復帰した後，同じ業務を2人でやってもらうことになってしまいます。新しい業務を割り振るのも難しいので，妊娠した従業員には退職してもらうことも考えています。

大 竹 中小企業の多くが抱えている問題ですし，お気持ちはよくわかります。ですが，産前産後休業や育児休業の取得などを理由として退職してもらうことはできないんです。また，今回のように，産前産後休業や育児休業の申出があった場合は，企業はこれを拒むことはできません。

杉 本 辞めてもらうこともできず，休業を拒むこともできないのですか？

大　竹　そうなんです。正社員をパートにするなど契約の変更の強要や降格，減給などもできません。妊娠・出産を理由とした解雇などは，禁止されているんです。仮に，解雇してしまった場合には，その解雇はなかったことにされる可能性が高いですよ。

　　　　確かに，休業期間の人材確保は難しいですが，杉本社長が一緒に働いてほしいと思って採用されたわけですから，復職したいと思ってくれる従業員を大切にしてあげてください。

杉　本　難しい問題ですが，しっかりと考えなければならないですね。私も，従業員には長く働き続けてほしいと思っています。

大　竹　育児休業の取得は，国を挙げた取り組みです。従業員が安心して働き続けられるように制度を取り入れることは，御社にとってもプラスになると思います。

　　　　休みを申請してきた従業員の方は，これから産休，育休を取得されるとのことでしたね。産休と育休の違いは，ご存知ですか？

杉　本　お恥ずかしい話ですが，あまりよくわかっていません。妊娠・出産する人のための休業ですよね？

大　竹　産休，いわゆる「産前産後休業」は，労働基準法で定められた休業です。妊産婦本人から請求があった場合に限りますが，産前6週間，産後8週間の女性を働かせることはできません。

　　　　ただ，産後6週間を経過した後は，本人が復職を請求し，医師が支障がないと認めた業務であれば働かせることができます。体の状況は人それぞれなので，くれぐれも無理のない範囲です。

杉　本　これと育休は違うのですか？

大　竹　育休，いわゆる「育児休業」は，本人から企業への申出により与えられる休業です。1歳未満の子どもを育てる従業員に与えられます。保育

所に入所できないなどの事情があれば，最長で2歳になるまで延長することが可能です。

　産休は女性のみが対象となりますが，育休は男性も取得できます。男性も育児に参画してほしいという政府の意向もあり，男性も育児休業が取れるように，さまざま制度が整い始めているところです。

杉　本　男性も取得できるのですか，知らなかったです。

大　竹　さらに，妊娠・出産・育児をサポートするためには，会社はさまざまな措置を取る必要があります。次のものは，その一部です。

> ・保健指導・健康診査を受けるための時間の確保
> ・本人が請求した場合の軽易業務への転換措置
> ・危険有害業務の就業制限
> ・所定外労働の制限
> ・子の看護休暇
> ・時間外労働・深夜業の制限　　　等

杉　本　いろいろと考えなければならないことが多いですね。

大　竹　従業員が産休育休の請求をしてきた場合には，会社としてサポートができるように，まずは制度を定めることから始めましょう。そして，相談しやすい環境を作るためにも，社内に制度を広めていくことが大事です。

　今回の従業員の方も，安心して休業を取得できれば，復帰後も長く貢献してくれると思いますよ。

杉　本　そうですね。会社として，おめでたい出来事を一緒に喜べるよう，制度を整えていきたいと思います。

　大竹先生，またご支援をお願いします。

大　竹　もちろんですよ。一緒に考えていきましょう。

特別休暇は会社によって自由に決めていいの？

杉　本　大竹先生，当社は，夏季休暇や年末年始休暇を特に定めていないので
　　　すが，そのような休暇を設けようかなと考えています。取引先でも休暇
　　　を設けているところが多いようですが，休暇を設定するときに注意する
　　　点などはありますか？

大　竹　そうですね。夏季休暇や年末年始休暇などは，特に法律で定めがある
　　　わけではありません。「特別休暇」といわれ，企業が自由に決められる
　　　休暇ですので，時期をいつにするかも，何日設けるかも自由です。たと
　　　えば，夏季休暇は日にちを定めずに一定の期間のなかで，各従業員が希
　　　望する日に休みを取るといった方法を採用されている企業もあります。

杉　本　自由に決めて良いんですね！

大　竹　特別休暇は，企業の福利厚生ともいえます。夏季休暇や年末年始休暇
　　　の他にも，慶弔休暇，誕生日休暇，ボランティア休暇，病気休暇などを
　　　設けている企業があります。

杉　本　慶弔休暇は，聞いたことがあります。

大　竹　特別休暇をどのように設定するかは自由といいましたが，休暇を与え
　　　る条件が変わったり，従業員によって取扱いが変わることのないよう，
　　　ルールをしっかりと決めましょう。

杉　本　わかりました！　ところで，特別休暇とした日は，無給にしても良い
　　　のですか？

大　竹　はい。有給にするのか無給にするのかは，企業が自由に決められます。

特別休暇を定めるうえで気を付けていただきたいのは、有給であるか無給であるかはもちろん、取得できる条件を明確に記載することと、日数、期限を定めておくことです。

杉　本　どういうことでしょうか。

大　竹　慶弔休暇について、1つ例として聞きますが、このような規定があったとします。杉本社長は、この規定を見てどのように思いますか？

（特別休暇）
第○条　労働者が申請した場合は、次の通り慶弔休暇を与える。
　　①　結婚したとき　　　　　　　　　　　　　　　　5日
　　②　妻が出産したとき　　　　　　　　　　　　　　3日
　　③　身内が死亡したとき　　　　　　　　　　　　　5日

杉　本　有給か無給かがわからないですが、その他は特に違和感はないです。

大　竹　仰るとおり、これでは、有給か無給かがわかりませんね。
　　しかし、それだけではありません。たとえば、①の「結婚したとき」というのは、自分が結婚したときだけを指すのか、自分の子供が結婚したときも含まれるのか、この書き方だけではどちらも休暇をもらえると勘違いしてしまう従業員がいるかもしれませんね。また、5日という日数も、休日を除いた出勤日で5日なのか休日を含めて5日なのかが、これでは判断できません。取得できる期限については記載がないので、「10年前の結婚についての特別休暇を取得したい。」と言われることがあるかもしれません。

杉　本　確かに、「わからない。」と言われればそうですが、そこまで考える従業員がいるのでしょうか。

大　竹　解釈が必要となるような記載ではなく、誰が見ても同じ理解になるよ

うにルールを定め，誤解が起きない書き方にしておくとトラブルの防止になります。別の理解ができるようでは，書き方が不足しているとお考えいただくと良いのかもしれません。

杉 本 わかりました。新たに特別休暇を定めたいと思うので，うちの会社にあった条件や日数を一緒に考えてもらえますか？

大 竹 承知しました。一緒に作っていきましょう！

第**5**章
退　　　　職

杉　本　大竹先生，最近，同業の大西社長から，「突然，従業員が5人も退職
　　することになって大変だ」という話を聞きました。退職するという従業
　　員を引き留めることはできないのでしょうか。

　　　私は，ずっと従業員が働きやすくて辞めない会社を目指しているので
　　すが，大西社長の話を聞いてちょっと不安になりました。

大　竹　もちろん従業員と話し合いをして，退職を考え直してもらうことや退
　　職日を先に延ばしてもらったりすることは，お互いの合意があれば可能
　　です。

杉　本　急に5人も辞めてしまったら大変ですよね。法律的に引き留めること
　　は難しいのでしょうか。

大　竹　働いているみなさんには，「退職の自由」が認められています。一般
　　の正社員の方のように「期間の定めのない従業員」の場合は，退職する
　　2週間前に退職の申し入れをすれば，その申し入れをしてから2週間後
　　に労働契約は終了し，退職できることになっています。

杉　本　えっ！　たった2週間ですか？　驚きです。引き継ぎもできないです
　　し，代わりの人なんて絶対に探せないですね。

大　竹　本当に，そのとおりですよね。でも，法律上の取扱いは，そのように
　　なっています。

　　　社会人のマナーとして，十分に引き継ぎを行えるよう時間の余裕を
　　もって申し出て欲しいですよね。

杉　本　「従業員全員が2週間で辞めてしまったら…」と思うと，ちょっと怖

くなってきました。

大 竹 杉本社長の会社ではそんなことは起こらないと思いますし，リスクが
ゼロなんていう会社経営はありませんから，そんなに心配されなくても
良いと思いますよ。

でも，やはり業務運営を考えると，次の担当者を配置して引き継ぎを
しなければならない時間を必要とすることから，「退職の1か月前には
申し出てくださいね」と定めておくと良いです。

杉 本 そうですよね…。ちょっと心配し過ぎました。

でも，クライアントにも迷惑をかけてしまうことになりますし，損害
賠償などという話もないとは限りませんので，やっぱり怖いです。

反対に，企業が従業員に辞めてもらいたいと思ったときにも，2週間
前に伝えれば良いのですか？

大 竹 企業側から辞めてもらう，いわゆる「**解雇**」については，さまざまな
制限があります。解雇は，客観的に合理的な理由を欠き，社会通念上相
当であると認められない場合は，その権利を濫用したものとして無効と
されています。ですから，「合理的な理由」なく従業員を解雇すること
はできません。

杉 本 なるほど。そうなんですね。従業員は理由なく辞めるといえるのに，
企業側は理由が必要なのですね。なんかちょっと不平等な気がしますが
…。

合理的な理由というのは，具体的にどのようなものなのですか？

大 竹 杉本社長のおっしゃることもよくわかります。

合理的な理由ですが，まずは，従業員が労働契約にしたがった労務を
提供しないこと，たとえば，能力不足，私傷病による心身の疾患，勤労
意欲や協調性の欠落等により，職務の遂行に支障を来している場合があ

ります。こういった解雇を「**普通解雇**」といい，就業規則等でどういう
ときに普通解雇とするかを定めておくことが必要です。

　「退職に関する事項」は，「**絶対的明示事項**」として労働契約書や就業
規則に必ず記載しなければならないことになっています。

杉　本　遅刻や無断欠勤を繰り返すというような規律違反も合理的な理由にな
　　　　りそうですね。

大　竹　そうですね。ただし，過去の裁判例等を見る限り，能力不足や規律違
　　　　反などもかなり度が過ぎたものや，繰り返し継続して行われている事実
　　　　に対して企業が適正に改善を促しているかといったことも考慮されるの
　　　　で，解雇は簡単にできるものではないと考えてください。

　　　　　解雇は，従業員にとって「死刑にも等しい」と言う弁護士さんもいま
　　　　す。ある日突然に生活の糧を失うわけですし，企業が一方的に「クビ
　　　　だ！」と伝える強い意思表示ですからね。

杉　本　そうなんですか…。確かに，そんなに簡単に解雇することができたら，
　　　　従業員は不安で仕事ができないですもんね。

大　竹　そのとおりですね。

　　　　　次に，企業側の理由による解雇として，業績不振など経営上の理由に
　　　　よるものがあります。こちらは，さらに厳格な理由が必要となります。

杉　本　従業員側に問題があるわけではないからということですね。

大　竹　はい。このような解雇を「**整理解雇**」と呼びますが，整理解雇を行う
　　　　うえで必要となる4つの要件が裁判例で示されています。

① 人員削減の必要性：会社の維持・存続をはかるためにどうしても人
　員整理が必要で，かつ最も有効な手段であること
② 解雇回避努力：新規採用の中止，希望退職の募集，出向，配置転

　換，一時帰休の実施などのあらゆる努力をしたうえでの解雇であ
　ること
③ 解雇対象者の選定基準の公正・合理性：解雇の基準が主観によるも
　のではなく合理的で公平なもので，その進め方も合理的で公平であ
　ること
④ 説明・協議などの手続き：解雇の必要性，解雇回避の方法，時期，
　規模・方法・基準などについて十分協議をし，納得を得られるよう
　に努力をし尽くしていること

杉　本　わかりました。整理解雇をしなければならない状況にならないよう
　に，しっかり経営をしていきたいと思います。
　　この機会に学んでおきたいのですが，「従業員は2週間前に退職の申
　出をすれば良い」ということでしたが，解雇の要件が整った場合は，企
　業側も2週間前に解雇を予告すれば良いのですか？　それとも，すぐに
　解雇をすることができるのですか？

大　竹　解雇の場合は，従業員の生活を守るために30日前の予告，もしくは，
　30日分の「**解雇予告手当**」を支払うことが義務づけられています。

杉　本　わかりました。大変勉強になりました。
　　私は，入社してくれた従業員とは一生の関係を築いていきたいと思っ
　ていますので，退職も解雇もないことを目指して経営をしていきたいと
　思います。

　退職時の手続き

杉　本　大竹先生，大西社長が，退職すると言っていた従業員とよく話し合い
　　　　をして，全員すぐには辞めないことになったそうです。

　　　　　それはそれでよかったのですが，当社の従業員の1人が12月に退職
　　　　することになりました。

大　竹　それは残念ですね。

　　　　　御社のみなさんは，とても楽しそうに働いているので，退職者は出な
　　　　いのではないかと思っていたのですが，何があったのですか？

杉　本　従業員の村上のお父様は会社を経営されているのですが，先日，病気
　　　　で倒れてしまい，急遽，実家に戻って家業を継ぐことになったのです。

大　竹　そうでしたか。それは仕方がないですね。

杉　本　そこで先生，従業員が退職するのは初めてですので，退職にあたって
　　　　しなければならない手続きを教えてください。

大　竹　わかりました。まずは，村上さんから「退職届」をもらいましょう。

杉　本　ドラマでよく「退職願」というものを見ますが，退職届とは違うので
　　　　しょうか？

大　竹　「退職願」は，その名のとおり退職したいというお願いをするもので，
　　　　これを出された企業は退職を認めるかどうかの検討をすることになりま
　　　　す。ですから，企業側が退職を却下することもあります。

　　　　　一方，「退職届」は，従業員が一方的に退職を通告する書類で，通常
　　　　は企業に退職が認められた後に，勘違いや「言った，言わない」という

ようなトラブルを避けるための事務手続きとして提出される書類です。

杉　本　なるほど。今回はもう退職が決まっていますから，退職届になるのですね。

大　竹　次に，住民税の徴収方法を確認します。

　　　　住民税は，毎月の給与から天引きしていますが，退職すると給与から天引きできなくなりますので，退職時に住民税の残額支払いのための手続きをする必要があります。住民税を自分で支払ってもらう普通徴収という方法に切り替えるか，最後の給与や退職金から一括して天引きして会社が支払いをするかについては，退職する従業員が選択できます。ただし，普通徴収を選択できるのは6月〜12月に退職をする人で，1月〜5月に退職をする人は一括で天引きをすることになります。

杉　本　村上は12月で退職することになるので，住民税の取扱いについては本人に決めてもらいます。

大　竹　徴収方法が決まりましたら，退職月の翌月10日までに市区町村へ住民税の異動届を提出します。

　　　　そして，12月になり退職ということになった時には，会社からの貸与品を返してもらいましょう。社員証や名刺なども返却を受けてください。

杉　本　わかりました。私物も持ち帰ってもらわなければなりませんね。

大　竹　社会保険の手続きも進めなければなりません。私のほうで申請させていただきますので，村上さんから保険証を回収してください。扶養家族がいる場合には，全員分の保険証が必要になります。手続きは5日以内にしなければならないので，事前に伝えて回収をお願いします。

杉　本　わかりました。伝えておきます。雇用保険もですよね。

大　竹　はい。雇用保険の資格喪失手続きもこちらで対応します。

　　　　退職した日の翌日から 10 日以内に，管轄のハローワークで手続きをします。手続きがされていないと，次の勤務先で雇用保険に加入することができず，退職者にも勤務先にも迷惑がかかることになりますので，すぐに手続きをしなければなりません。

杉　本　手続きをすべて先生にやっていただけるのでとても助かります。その他，何か気をつけておかなければならないことはありますか？

大　竹　そうですね。退職時に誓約書をもらう企業は多いです。守秘義務や顧客情報の持ち出しの禁止などについて，書面で確認をしてもらいます。

杉　本　常識の範囲内な気もしますが，書面で確認をすることは大切かもしれませんね。当社に合った誓約書の案を作成してみますので，内容を確認してください。

大　竹　もちろんです。

杉　本　入社時にもそれなりの手続きがありましたが，退職時にもいろいろと手続きが必要なのですね。すいません。今日はもう時間ですね。またわからないことが出てきたら，質問させてください。

Ⅲ　退職時の給与・賞与・退職金など

杉　本　大竹先生，退職する村上について，いくつか確認をさせてください。

　　　まず，退職日が 12 月 15 日に決まったのですが，最後に支給する給与
は入社時と同じ考え方で日割計算をすれば良いですよね？

大　竹　はい，日割り計算で大丈夫です。ただし，退職日が月末ではないので，
退職月の社会保険料（健康保険・介護保険・厚生年金保険）については
控除しないでください。

杉　本　わかりました。冬の賞与は，支給して良いですよね？

大　竹　はい。賞与は支給日に在籍している人に支払うことにしていますか
ら，支給日である 12 月 10 日に在籍している村上さんには，賞与を支給
してあげてください。

　　　それから，先日お伝えし忘れましたが，村上さんに所得税の源泉徴収
票をお渡しする必要があるので，こちらは顧問の税理士さんにお伝えく
ださい。

杉　本　はい。税理士さんに連絡をします。

　　　次の確認ですが，うちの会社は退職金について，どうなっていまし
たっけ？

大　竹　御社の場合は，退職金はないという契約で雇用をしていますので，退
職金を支払わなければならないということはありません。もちろん，支
払ってはいけないということでもないので，社長が支払いたいというこ
とであれば支払ってあげてください。

杉　本　ありがとうございます。頑張ってくれたので，多少何かしてあげたい

なという気持ちはあります。いくらか支払ってあげたいと思います。

大　竹　杉本社長，素晴らしいですね！　そうしてあげると喜ばれると思います。

杉　本　やっぱりそうですよね！

大　竹　今後，みなさんのモチベーションを上げるために，また，採用時にプラスに働くように，退職金制度についても考えていきませんか？

杉　本　ちょうど，村上のことがあってから退職金について考えていました。また，相談に乗ってください。

大　竹　もちろんです！　また，給与の話がいろいろ出ましたので確認なのですが，村上さんの有給休暇は残っていますか？

杉　本　はい。あと5日残っています。12月15日までに5日間有給休暇を使ってもらおうと思っていますが，引き継ぎもありますので，使えなければ仕方がないかなと思っています。

大　竹　有給休暇は，従業員の方に休んでもらうための制度なので，買取りは原則として禁止されているのですが，退職時に消化しきれない有給休暇については，買取りが例外的に認められています。もちろん，これは義務ではありません。

杉　本　なるほど。そんな制度があるのですね。

大　竹　はい。有給休暇を消化しきれないのはかわいそうな面もあるので，退職金を支払ってあげるという気持ちがあるのであれば，もし有給休暇を消化できない場合には，買い取ってあげるのも1つの方法だと思います。

杉　本　確かにそうですね。その方向で考えます。
　　　　そして，有給休暇の残日数や消化の見込みについて，もう一度確認し

てみます。

Ⅳ	ジョブリターン制度

大　竹　退職手続等について流れをお話しましたが，最近「**退職してもまた戻ってこられる仕組み**」を導入しようとしている企業が出てきていることをご存知ですか？

　　　　以前，杉本社長が「入社してくれた従業員とは一生の関係を築いていきたい。」「退職も解雇もないことを目指して経営をしていきたい。」とおっしゃっていたことを思い出したので，お伝えしておこうと思いました。

杉　本　そんなことできるんですか？　従業員が退職したら，縁は切れてしまうのではないのですか？　それに，「一度辞めたのに…」と，復帰するための従業員の気持ちのハードルも高くなりませんか？

　　　　もちろん，退職しても，従業員は一生の仲間だと思っているので，そのような制度ができるのであれば，やってみたい気持ちはあります。

大　竹　先ほど申し上げた制度を「ジョブリターン制度」といいます。

　　　　配偶者の転勤，妊娠と出産，介護，自分の病気療養など，従業員それぞれのライフステージで起こる事象に対して，本意ではないけれど仕事から離れなければならない従業員が，退職した後にまた復帰できるように，就業規則の中にルールを定めることで実現する制度です。

　　　　杉本社長の想いに近い制度なのではないかと考えています。

杉　本　そんなこと可能なのですか？　就業規則っていろいろなことを定めることができるんですね。そろそろ真剣に作成を考えなければならないですね。

大　竹　ジョブリターン制度は，絶対に定めなければならないものではなく，

企業が自由に導入できる制度です。制度そのものよりも、「戻ってくる
こともできるんだよ」というメッセージとして導入する企業も少しずつ
ですが増えてきています。人手不足もあるのでしょうが、希望される方
の多くは、杉本社長と同じように仲間を大切にしたいという想いからく
るものなのでしょうね。

杉　本　大竹先生、就業規則がないのですが、当社で導入するには、どうした
らよいのですか？

大　竹　いずれは就業規則を作ることとして、いまは就業規則がないので、
「ジョブリターン制度」という社内規程を作成して、従業員のみなさま
に説明していただくことになります。

杉　本　それだけで良いのですか？

大　竹　どういう条件なら復帰できるのかを定める必要があるので、次のよう
なことを考えていただけますか？

- 在籍期間や退職後の経過期間による制限を設けるか？
- どういう理由で退職したときが対象となるのか？
- 再度働いてもらうときは働く日数や時間、仕事の内容を変えること
  を想定するか？

杉　本　はい、わかりました。
　　　　先生、この制度があることによって、「もしものことがあっても、ま
た一緒に働くことができるよ。」と、従業員に言えるようになるって考
えていいですか？

大　竹　はい、そうです。
　　　　村上さんは、家業を継ぐというお話でしたが、それ以外にも人生には
分かれ道や選択を迫られ、仕事を辞めなければならない従業員がこれか

ら出てくるかもしれません。杉本社長が「一生の関係性」とおっしゃっていたことをふと思い出して，ご提案までにとお話させてもらいました。

杉　本　ありがとうございます。

　　　そんなふうに先生に考えてもらえて，私も先生と一生の関係でいたくなりました！

大　竹　こちらこそぜひお願いしたいところです。

　　　杉本社長と従業員のみなさまと一生の関係になれるよう，私も成長し続けますね。

第6章
ハラスメント

採用

労働時間

賃金

休日・休暇

退職

ハラスメント

テレワーク

杉　本　大竹先生，困ったことが起こりました……。

大　竹　杉本社長，どうされましたか？

　　　　先ほどスタッフから，「杉本社長が大至急お会いしたいから，事務所にいらっしゃる」との電話があったと聞いたのですが，何かありましたか？

杉　本　すいません，突然押しかけてしまって。実は，うちの従業員の八木から「社長，それセクハラです！」と言われてしまって……。

　　　　友人の北野社長からも「いまは，○○ちゃんって呼ぶだけでセクハラって言われるから気をつけろ！」って言われていたので，僕なりに気をつけていたのですが……。

　　　　先生，私は，どうしたら良いのでしょうか？

大　竹　社長，まず落ち着いてください。

　　　　何があったのかを話してもらえますか？

杉　本　あ，はい。今日，先生もご存知のうちのスタッフの八木に，雑談のつもりで「若い女性は，どんなところにデートに行くの？」と聞いてみたんです。

　　　　特に深い意味はなくて，北野社長と「女性は，どういうところに連れて行ってほしいのかな。」と，たまたま話していた延長で聞いただけなんですけど……。八木から「それはどういう意味ですか？　セクハラですよ！」と言われてしまいました。

大　竹　そうでしたか。社長，今後は発言に気を付けましょうね。では，どん

なことに気を付けたら良いかを少しお話しますね。

　そもそもセクハラ，つまり「**セクシャルハラスメントの定義**」があることは，ご存知でしたか？

杉　本　いや，全然わかりません。

大　竹　ちょっと難しいですが，セクシャルハラスメントは，「「職場」において行われる「従業員の意」に反する「性的な言動」により，従業員が労働条件について不利益を受けたり，就業環境が害されること」をいいます。

　要は，会社や出張先などで性的な内容の発言や行動によって，働きにくくなることと考えてください。

杉　本　なるほど。「職場」というのは，どう考えたら良いのでしょう？

大　竹　従業員の方が働いている場所はもちろんですが，出張先，業務で使用する車中，取引先の事務所，顧客の自宅，取引先と打ち合わせをするための飲食店など，従業員が業務を行う場所であれば，すべて「職場」に含まれます。

杉　本　では，勤務時間外は，対象ではないのですか？

大　竹　勤務時間外の「宴会」「懇親の場」などであっても，実質上職務の延長と考えられるものは，「職場」になります。

杉　本　そうすると，従業員と接しているときは，常に注意が必要ということになりますね。

大　竹　そう考えておけば，間違いありません。

　また，「性的な言動」にもいろいろと種類があると思いますが，八木さんの例ですと，社長が遠回しに彼氏がいるのかを聞いてきたと受け取り，仕事がしにくいと考えたのではないかな，と思います。八木さん，

とてもまじめですからね。

杉　本　えっ！！！　僕，そんなつもりで言ってないですよ。

大　竹　社長がそのような人でないことは，私は理解していますが，性的な事
　　　　実関係を質問されたと思う人もいるんですよ。

杉　本　なるほど，わかりました。反省します。
　　　　　労働条件について不利益を受けたり，就業環境が害されたりというこ
　　　　とは，具体的には，どのようなことをいうのでしょうか？

大　竹　労働条件について不利益を受けるというのは，セクハラに対する従業
　　　　員の拒否や抵抗などの対応によって，その従業員が，解雇，降格，不利
　　　　益な配置転換などをされることをいいます。これを「対価型セクハラ」
　　　　といいます。

杉　本　そんなことは，絶対にしません……。

大　竹　就業環境が害されるというのは，セクハラによって従業員の就業環境
　　　　が不快なものとなったため，従業員が働くうえで大きな支障が生じるこ
　　　　とをいいます。これを「環境型セクハラ」といいます。

杉　本　今回は，環境型セクハラに当たってしまうのでしょうか……。

大　竹　そうですね。八木さんはそういう質問をされたくなかったのですか
　　　　ら，まずはしっかりとお詫びをしましょう。そして，そのような意図は
　　　　なかったことを説明し，「今後は，八木さんが嫌がるようなことは言わ
　　　　ないように心がけます。」と，お話してみてください。
　　　　　八木さんも話をすればわかってくれると思いますので，しっかりお詫
　　　　びと説明をすれば大丈夫だと思います。

杉　本　はい。そうします。先生，いきなりの訪問ですみません。

　まずは，八木にしっかりと謝って，そのような意図はなかったことを
話をします。

杉　本　大竹先生，先日はありがとうございました。

　　　　八木とは話をして，誤解を解くことができました。

大　竹　良かったですね。

　　　　せっかくですから，これを機に，会社としてもセクハラ対策をしっか

　　　　りとやっていきましょう。

杉　本　そうですね。具体的には，どんなことをしたら良いのでしょうか？

大　竹　まずは，セクハラとはどういうものか，セクハラをなぜしてはいけな

　　　　いのか，について従業員全員に話をすることからはじめましょう。社長

　　　　もご存知なかったから，「冷や汗」をかくことになったのですよね。

杉　本　先生，いじめないでくださいよ……。

　　　　でも，わかりました。早速やりましょう。

大　竹　話をするだけでは対策として弱いので，セクハラをした場合には厳正

　　　　に処分を行うということを，処分の内容も含めて就業規則等に記載し，

　　　　従業員にしっかりと伝えましょう。

杉　本　なるほど。みんなでしっかりと理解をしたうえで，守らなかったら罰

　　　　を受けるということを伝えることで，セクハラを防止するということで

　　　　すね。

大　竹　また，セクハラに関する相談窓口を決めて，従業員からの相談に適切

　　　　に応じる体制を作りましょう。相談窓口は，社長でも構いません。

杉　本　わかりました。何かあったらいつでも会社は相談に乗るということを

示すことで，みなさん安心して働くことができますね。

　しばらくは私が窓口になって，しっかりと相談に乗ることにします。

大 竹 さらに，万が一にセクハラに関する問題が起きてしまった場合には，次のような対応が必要になります。

> ・事実関係を迅速かつ正確に確認をする
> ・事実関係が確認できた場合には，速やかに被害者に対する配慮の措置を適正に行う
> ・事実関係が確認できた場合には，行為者に対する措置を適正に行う
> ・事実関係の確認の有無にかかわらず，再発防止に向けた措置を講じる

杉 本 セクハラが起きることは，絶対に防ぎたいと思いますので，しっかりと対応したいと思います。その他に，気をつけなければならないことはありますか？

大 竹 セクハラは，男性も女性も加害者にも被害者にもなることがあり，異性に対するものだけでなく，同性に対するものも該当します。また，相談者や被害者などのプライバシーの保護を確実にしなければなりません。

　社長がこのようなことをしっかりと理解したうえで，セクハラ防止に取り組んでいけば，問題は生じないと思います。

杉 本 わかりました。具体的には，どのように進めたら良いでしょうか？

大 竹 厚生労働省から，従業員に周知するための文書の例（93ページを参照）が出ていますので，こちらを従業員の方に配って，社長から説明をしてあげてください。

杉 本 早速，進めたいと思います。説明の際には，先生も同席していただけ

ますか？

大　竹　もちろんです。一緒にお話をさせていただきます！

セクシュアルハラスメント対策について周知しましょう

周知用文書の例

〇年〇月〇日

セクシュアルハラスメントは許しません！！

株式会社〇〇〇　代表取締役社長〇〇〇

1　職場におけるセクシュアルハラスメントは、労働者の個人としての尊厳を不当に傷つける社会的に許されない行為であるとともに、労働者の能力の有効な発揮を妨げ、また、会社にとっても職場秩序や業務の遂行を阻害し、社会的評価に影響を与える問題です。また、性別役割分担意識に基づく言動は、セクシュアルハラスメントの発生の原因や背景となることがありますので、注意しましょう。

2　我が社は下記の行為を許しません。
「就業規則第〇条①他人に不快な思いをさせ、会社の秩序、風紀を乱す行為」とは、次のとおりです。
　①　性的な冗談、からかい、質問
　②　わいせつ図画の閲覧、配付、掲示
　③　その他、他人に不快感を与える性的な言動
「就業規則第〇条②他人の人権を侵害したり、業務を妨害したり、退職を強要する行為」とは次のとおりです。
　④　性的な噂の流布
　⑤　身体への不必要な接触
　⑥　性的な言動により社員等の就業意欲を低下させ、能力発揮を阻害する行為
「就業規則第〇条③暴行、脅迫、傷害、賭博又はこれに類する行為及び恥辱等の行為」とは次のとおりです。
　⑦　交際、性的な関係の強要
　⑧　性的な言動に対して拒否等を行った部下等従業員に対する不利益取扱い　など

3　この方針の対象は、正社員、派遣社員、パート・アルバイト等当社において働いている方すべて、また、顧客、取引先の社員の方等を含みます。また、異性に対する行為だけでなく、同性に対する行為も対象となります。相手の立場に立って、普段の言動を振り返り、セクシュアルハラスメントのない、快適な職場を作っていきましょう。

4　社員がセクシュアルハラスメントを行った場合、就業規則第△条「懲戒の事由」第1項、第2項に当たることとなり、処分されることがあります。その場合、次の要素を総合的に判断し、処分を決定します。
　①　行為の具体的態様（時間・場所（職場か否か）・内容・程度）
　②　当事者同士の関係（職位等）
　③　被害者の対応（告訴等）・心情等

5　相談窓口
　職場におけるセクシュアルハラスメントに関する相談（苦情を含む）窓口担当者は次の者です。電話、メールでの相談も受け付けますので、一人で悩まずにご相談ください。
　また、実際に生じている場合だけでなく、生じる可能性がある場合や放置すれば就業環境が悪化するおそれがある場合や上記2に当たるかどうか微妙な場合も含め、広く相談に対応し、事案に対処します。
　　　　　　〇〇課　〇〇〇（内線〇〇、メールアドレス〇〇〇）（女性）
　　　　　　△△課　△△△（内線△△、メールアドレス△△△）（男性）
　　　　　　××外部相談窓口　（電話××、メールアドレス×××）
　相談には公平に、相談者だけでなく行為者についても、プライバシーを守って対応しますので安心してご相談ください。

6　相談者はもちろん、事実関係の確認に協力した方に不利益な取扱いは行いません。

7　相談を受けた場合には、事実関係を迅速かつ正確に確認し、事実が確認できた場合には、被害者に対する配慮のための措置及び行為者に対する措置を講じます。また、再発防止策を講じる等適切に対処します。

8　セクシュアルハラスメント防止研修・講習も行っていますのでふるってご参加ください。

（注）セクシュアルハラスメントに該当するような行為が行われた場合の対処方針・内容などが就業規則の服務、懲戒規定の中で読み込めるようにしてください。

お問い合わせ先　**都道府県労働局 雇用環境・均等部（室）**　受付時間8時30分〜17時15分（土・日・祝日・年末年始を除く）

都道府県	電話番号	都道府県	電話番号	都道府県	電話番号	都道府県	電話番号
北海道	011-709-2715	東　京	03-3512-1611	滋　賀	077-523-1190	香　川	087-811-8924
青　森	017-734-4211	神奈川	045-211-7380	京　都	075-241-3212	愛　媛	089-935-5222
岩　手	019-604-3010	新　潟	025-288-3511	大　阪	06-6941-8940	高　知	088-885-6041
宮　城	022-299-8844	富　山	076-432-2740	兵　庫	078-367-0820	福　岡	092-411-4894
秋　田	018-862-6684	石　川	076-265-4429	奈　良	0742-32-0210	佐　賀	0952-32-7167
山　形	023-624-8228	福　井	0776-22-3947	和歌山	073-488-1170	長　崎	095-801-0050
福　島	024-536-4609	山　梨	055-225-2851	鳥　取	0857-29-1709	熊　本	096-352-3865
茨　城	029-277-8295	長　野	026-227-0125	島　根	0852-31-1161	大　分	097-532-4025
栃　木	028-633-2795	岐　阜	058-245-1550	岡　山	086-225-2017	宮　崎	0985-38-8821
群　馬	027-896-4739	静　岡	054-252-5310	広　島	082-221-9247	鹿児島	099-223-8239
埼　玉	048-600-6210	愛　知	052-857-0312	山　口	083-995-0390	沖　縄	098-868-4380
千　葉	043-221-2307	三　重	059-226-2318	徳　島	088-652-2718		

出所：厚生労働省

Ⅲ　パワハラといわれたら

杉　本　大竹先生，友人の北野社長が従業員から「パワハラ」と言われてしまい，その後の対応で大変だということを聞きました。ちょっと厳しく指導をしたのが問題となってしまったみたいです。自分も「パワハラ」と言われないかと心配になってきました。

大　竹　最近は，セクハラだけでなく「パワーハラスメント」，いわゆる「パワハラ」についても企業が対応しなければならない大きな問題として取り上げられています。

　　　パワハラはセクハラと異なり，個々人の人格を尊重するという考え方が根底にあり，「昭和」の時代のような「俺についてこい！」が通用しなくなったということです。「昭和」では許されていたことも，「令和」では許されないことがたくさんあるので，杉本社長もセクハラと同じようにパワハラについても気をつけなければなりませんね。

杉　本　世の中の変化には，常に対応していかないといけないですね。具体的に，パワハラとは，どのようなことをいうのでしょうか？

大　竹　「パワハラ」とは，次の3つの要素をすべて満たすものをいいます。

> ① 職務上の地位や人間関係などの職場内の優位性を背景に
> ② 業務の適正な範囲を超えて
> ③ 精神的・身体的苦痛を与える，または職場環境を悪化させる

杉　本　なるほど。上司から部下に対するものだけではないということですね。

大　竹　そうですね。パワハラの典型は権力を有する上司が部下に行うことを

思い浮かべやすいですが，最近では顧客や取引先など人間関係の優位性を背景とするパワハラもあります。

杉　本　業務の適正な範囲を超えてというのも難しいですね。上司から部下への指導がすべてパワハラになってしまうと何もできなくなってしまいます。

大　竹　業務上必要な指示や注意・指導については，もちろんパワハラとはされません。行き過ぎた行為がパワハラとされますが，具体的には，**6つの類型**が示されています。

> ① 暴行・傷害 → 身体的な攻撃
> ② 脅迫・名誉毀損・侮辱・ひどい暴言 → 精神的な攻撃
> ③ 隔離・仲間外し・無視 → 人間関係からの切り離し
> ④ 業務上明らかに不要なことや遂行不可能なことの強制，仕事の妨害 → 過大な要求
> ⑤ 業務上の合理性なく，能力や経験とかけ離れた程度の低い仕事を命じることや仕事を与えないこと → 過小な要求
> ⑥ 私的なことに過度に立ち入ること → 個の侵害

杉　本　お聞きする限り，かなりひどいことをした場合がパワハラという理解で良さそうですね。

大　竹　そうですね。ただ，普段行っている指導がエスカレートしてということもあるので，やはり気をつけなければなりません。

杉　本　なるほど。「指導とパワハラの違い」は，どのように考えたら良いのでしょうか？

大　竹　たとえば，遅刻や無断欠勤などが多く，何度も注意しても改善されない従業員に一定程度強く注意することや，企業の業務内容に照らして重

大な問題行動を行った従業員に一定程度強く注意するような場合は，指
　　導であってパワハラではありません。

杉　本　それはそうですね。それがパワハラなら，指導はできなくなります。

大　竹　一方で，業務の遂行に関して必要以上に長時間にわたり厳しい叱責を
　　繰り返したり，他の従業員の前で大きな声で威圧的な叱責を繰り返した
　　りといった行為は，パワハラと認定されうると考えられます。

杉　本　過大な要求，過小な要求も，お互いの認識が違うケースがあると思い
　　ますが……。

大　竹　そうですね。過大な要求でいえば，与えた仕事を遂行するために必要
　　な教育をしっかりと行っているか，特定の従業員だけが過度な負担を強
　　いられていないか，といった考え方がポイントになると思います。

杉　本　従業員を育成するために少しレベルの高い仕事を任せるとか，業務の
　　繁忙期に一定程度多い業務の処理を任せるとか，そういったものは問題
　　ないと考えて良いですよね？

大　竹　問題ありません。従業員間の仕事のバランスを考えたり，従業員の成
　　長を考えたりしたときに，そういうことは必要になると思いますので。

杉　本　良かったです。北野社長は誤解されやすいタイプの社長ですが，従業
　　員想いの社長なので，きっと理解してもらえると思います。先生に教え
　　てもらったことを北野社長にも話してみようと思います。

大　竹　ぜひ，そうしてあげてください。安心されると思います。

杉　本　ところで，パワハラについては，会社としてやらなければならないセ
　　クハラと同じような対策は，必要ないのでしょうか？

大　竹　パワハラについてもセクハラと同様に，次のような対策が必要になり

ます。**ハラスメントの防止対策**は，どのハラスメントも基本的な流れは
同じです。

- ・ パワハラについて従業員のみなさんへの説明
- ・ パワハラについて就業規則などにパワハラを行ってはならない旨，
  行った場合の処罰の記載
- ・ 相談窓口の設置
- ・ 相談があった場合の迅速かつ適切な対応
- ・ プライバシーの保護

杉　本　わかりました。

　　　　それでは，早速，パワハラ防止措置を講じていきます！

Ⅳ　マタハラってなに？

杉　本　最近は，ハラスメントだらけの世の中になってきました。「○○ハラ」という言葉は，何種類あるんでしょう？

大　竹　本当ですね。なんでも「ハラ」をつければよいみたいな風潮がありますね。

杉　本　セクハラとパワハラについては，先生からレクチャーを受けましたが，他にも知っておかなければならないハラスメントはありますか？

大　竹　セクハラ，パワハラ，マタハラを，世の中では「3大ハラスメント」と呼んだりしています。

杉　本　すいません，マタハラって何ですか？　お恥ずかしい話ですが，聞いたことがありません……。

大　竹　マタハラというのは，「マタニティハラスメント」の略です。従来から，妊娠・出産したこと，育児のための制度を利用したこと等を理由として，解雇，減給，降格，不利益な配置転換といった不利益な取り扱いは禁止されていました。

　　　さらに，妊娠・出産したこと，育児のための制度を利用したこと等に関して，上司・同僚が職場環境を害する言動を行うことをマタニティハラスメントとして定義して，パワハラやセクハラと同様に，企業は防止措置を講じなければならないことになりました。

杉　本　マタハラとは，具体的には，どのようなものなのでしょうか？

大　竹　たとえば，上司に妊娠を報告したら「他の人を雇うので早めに辞めて

もらうしかない。」と言われたとか，育児短時間勤務をしていたら同僚
から「あなたが早く帰るせいで，まわりは迷惑している。」と言われた
とか，妊娠，出産，育児に関することで不快な思いをさせられることを
広くマタハラと呼んでいます。

　特に後者の場合は，業務量が増える社員からすると「なぜ自分だけ業
務量が増えるのか」と，制度を利用することに対する不満が出ますよね。
この不満が産休・育休の制度を利用することを阻害することが，本質的
な問題なんですよ。

杉　本　それはヒドイですね。本来は喜ばしいことなのに，そんな思いはさせ
たくないです。

大　竹　そうですよね。だから，セクハラやパワハラと同じように，防止措置
が必要になるのです。

杉　本　なぜ，マタハラが起こってしまうのでしょうか？

大　竹　妊娠・出産・育児をする人が会社を休むことによって，仕事に支障が
出るということは起こり得ますよね。そのときに人手不足が重なったり
して業務への影響が大きいと，不満が生じてマタハラが起こってしまう
ことがあります。マタハラは社内教育も重要ですが，業務量を適正に配
分することが先にあると考えます。本来は，休む従業員がいても業務が
回るようにしていくべきなのですが……。

杉　本　なるほど。やはりギリギリの人員で経営するのではなく，余裕を持っ
て経営をしていかないといけないですね。

大　竹　そうですね。また，育児に対してもいろいろな考え方の人がいますか
ら，妊娠・出産・育児への理解がなかったり，仕事との両立についての
理解がなかったりする場合には，マタハラが生じることがあります。ま
た，妊娠・出産・育児は人それぞれで，ケースによってかけなければな

らない労力や時間などが大きく異なりますが，自分の経験だけをもとに「自分はやってきたのに！」という考えを押しつけてしまうケースもあります。

杉　本　これからの時代，柔軟な思考を持ってさまざまな考え方の従業員と向き合っていかなければならないと思っています。女性の従業員にも安心してずっと働いてもらいたいので，マタハラは生じさせないようにしたいです。

大　竹　そうですね。マタハラには，大きく分けて2つのパターンがあります。1つ目は，「**制度等への利用への嫌がらせ**」です。産前休業の取得を上司に相談したところ「休みをとるなら辞めてもらう。」と言われたとか，上司や同僚から「時短勤務をするなんて周りのことを考えていない，迷惑だ。」と断続的に言われたとか，本来であれば当然に認められなければならない制度を利用することができなくなるような言動が行われてしまうパターンです。

杉　本　なるほど。こちらも「昭和」の時代ならいざ知らず，いまは「令和」ですからね。こんなことは，起こってはなりませんね。

大　竹　そうですね。もう1つは，「**状態への嫌がらせ**」です。
　　　　こちらは，妊娠したこと，出産したことなどに関する言動により就業環境が害されるものをいいます。上司や同僚が，「妊婦はいつ休むかわからないから仕事は任せられない。」と言って仕事をさせないとか，「妊娠するなら忙しい時期を避けるべきだった。」と言って仕事がしづらい環境を生じさせているようなパターンです。

杉　本　子どもが産まれ育っていくのは喜ばしいことですから，応援してあげたいですよね。
　　　　お話を聞いていてちょっと心配になったのですが，妊娠中の従業員に

「長時間労働は負担が大きいだろうから業務分担の見直しを行いたい」，
「もう少し楽な業務にかわってはどうか」，「つわりで体調が悪そうだが，
少し休んだほうが良いのではないか」という配慮をしてもマタハラに
なってしまうのでしょうか？

大　竹　そんなことはありませんよ。そのような配慮は，当然に必要なことで
すから，マタハラにはなりません。

杉　本　わかりました！　ありがとうございます。

　　　それでは，セクハラ，パワハラ，マタハラの3点セットでしっかりと
防止措置を講じていこうと思いますので，ハラスメントのない会社作り
のお手伝いをお願いします。

第7章

テレワーク

採用

労働時間

賃金

休日・休暇

退職

ハラスメント

テレワーク

I　テレワークをやってみたい！

杉　本　大竹先生,「うちの会社もテレワークをやってみたい！」と思いまして，準備を進めようと思っています。

大　竹　素晴らしい取り組みですね。具体的に，どのようにテレワークをしようとお考えですか？

杉　本　えっ？「テレワーク」ですけど……。

大　竹　杉本社長，**テレワーク**というのは,「情報通信技術（ＩＣＴ）を活用し，場所や時間を有効に活用できる柔軟な働き方で，オフィスなどの勤務場所から離れて仕事をする働き方」をいいます。在宅勤務やモバイルワーク，サテライトオフィス勤務などのすべてを表す広い概念なんです。

「情報通信技術（ＩＣＴ）を活用し、場所や時間を有効に活用できる柔軟な働き方で、勤務場所から離れて、自宅などで仕事をする働き方」

Ｔｅｌｅ（離れて）とＷｏｒｋ（働く）を組み合わせた造語が「テレワーク」

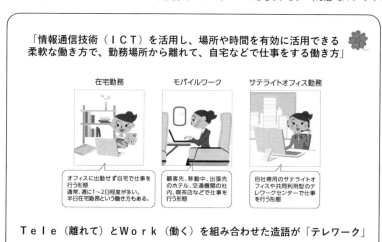

出所：厚生労働省「テレワーク導入のための労務管理等Ｑ＆Ａ集」

杉　本　なるほど。そういうことですか。

　　　　当社では，いずれはさまざまな働き方を考えていますが，まずは来月から在宅勤務をスタートしようと思っています。ノートパソコンとスマホを1人に1台ずつ貸与して，準備もバッチリできました！

大　竹　そういうことですね。それでは，在宅勤務を始めるにあたってのルールは作りましたか？

　　　　最近，在宅勤務などのテレワークを始めた企業は多いのですが，事前にルールを定めなかったことで，いろいろな問題が生じているところもあると聞いています。なかには，企業側と従業員が揉めてしまうことも少なくありません。

杉　本　えっ，そんなことあるのですか？

　　　　私たちの仕事は，クライアントの事務所に行って仕事をしたり，出張先のホテルなどで仕事をしたりするので，それと同じように，自宅で仕事をすれば良いと思っていました。今までもルールはありませんでしたし，ルールなんてなくても大丈夫じゃないですか？

大　竹　クライアント先に行って仕事をする人や出張に行く人は，業務を任せられるそれなりに経験のある人ですよね？　在宅勤務をするのも，そのような人たちだけですか？

杉　本　確かに，そうですね。在宅勤務を誰がやるかということはあまり考えていなかったので，とりあえずパソコンとスマホは全員分買って貸与してしまいました……。

　　　　在宅勤務の対象者は，入社後の年数で決めるとか，あるいは職位で決めたほうが良いですね。新入社員や経験の少ない人は，私や先輩社員に都度業務の判断を仰ぐ必要があるので，突然の在宅勤務の導入は，確かに難しいかもしれません。

大　竹　対象者を決めたら，次は対象業務を決めましょう。在宅勤務にすることによって仕事の効率が悪くなったり，従業員のみなさんに負荷がかかったりすることを社長は望んでいないですよね。対象となる業務をしっかり定めないと仕事が思ったように進まなくなって残業が増えたり，それによって従業員の不満が溜まったりしてしまいます。

杉　本　在宅勤務をすることで，生産性が下がることは避けたいです……。

　　　　改めて考えてみると，緊急な業務や機密情報を取り扱う業務などは，在宅ではなく事務所に来てやって欲しいですね。あと，資料のプリントアウトは，情報管理の観点から危険性も高くなると思うので，プリントアウトが必要となる仕事はＮＧですね。

大　竹　事前に業務量がある程度予測できる業務でないと，業務が早く終わってしまって自宅でできる業務がなくなったり，反対に仕事が終わらずに周囲に助けを求めることもできず，必要以上に残業をしてしまったりということもあり得ますね。

杉　本　わかりました。そういえば，従業員に在宅勤務の話をしたときに，「朝早くから仕事をしたい。」という声があったのですが……。

大　竹　通勤時間がなくなりますから，そのような希望が出ることはもちろんありますし，一定程度は認めてあげても良いと思います。ただ，これも「１日８時間働けば良い」という決まりだけにしてしまうと，極端な例を挙げれば，深夜に働く人が出てきてしまうかもしれません。コミュニケーションを取る必要もありますし，周囲のサポートを受ける必要もあるでしょうから，就業時間のルールも決めておいたほうが良いですね。

杉　本　いろいろと決めなければならないことがあるのですね。

大　竹　そうですね。この他にも休憩や費用，安全衛生対策，セキュリティ対策，情報管理など，さまざまなことを決めておかなければなりません。

　特に外出先や移動中にパソコンを使って作業する際は，社外に情報が漏洩しやすい環境にあるため，しっかりとしたセキュリティソフトを導入することをお勧めします。

　杉本社長がクライアント先から信頼されてお預かりしているデータに，万一のことがあったら困りますよね。

杉　本　ノートパソコンとスマホさえあれば，在宅勤務はすぐに可能だと思っていましたが，そんなに甘いものではないのですね……。

　テレワークの規程を一緒に作っていただけますか？

大　竹　もちろんです！

　みなさんが安心して在宅勤務ができるように，しっかりとした規程を作っていきましょう。

テレワークをすると困ること・悩むこと

杉　本　従業員にテレワークの話をしたら，いろいろと意見が出てきたので，先生に相談をしたいと思っていました。

大　竹　御社にとっても大きな変化ですものね。従業員のみなさんもいろいろと心配になりますよね。具体的には，どのような話が出てきたのですか？

杉　本　まずは，コミュニケーションに関するものです。1人で仕事をすることに関しては，不安の声が多くありました。

大　竹　コミュニケーションツールをどのように取り入れるのかを考える必要がありますね。文字ベースのコミュニケーションが多くなりますが，電話やWEB会議などを上手に利用して，コミュニケーションが取れるようにしましょう。

　　　　在宅勤務が長期化することで，職場に属している意識が弱くなり，孤立感を覚える方も増えてきているようです。

杉　本　上司から部下に，定期的に連絡をさせるようにもしたいと思います。「仕事の開始時と終了時はどのように認識するのか？」「残業をする場合はどうしたらよいのか？」というような就業時間に関する質問もありました。

　　　　また，管理職からは，「部下が仕事をしているかどうかをどのように管理するのか？」というような話もありました。

大　竹　確かに，職場にいるときと違って，席にいることの確認ができないですからね。チャットツールなどを使って，始業や終業，在席の確認をす

るのも1つです。

　また，自宅で仕事をしていると定時になったことに気づかずに，残業をしてしまうという人も多いようなので，気をつけなければなりません。

杉　本　なるほど。仕事が終わったという報告をしっかりと上司にさせることで，残業が多くなることを防ぐことにします。

　他にも，自宅で仕事をする場合は，私用の電話がかかってきたり，宅配便の荷物が届いたり，業務から離れることはどこまでが良くてどこからダメなのかがわからない，というような内容の疑問もありました。

大　竹　これは，細かく決めるのは難しいので，ある程度の判断は本人に任せるしかないですね。テレワークは，ルールをしっかりと組み立てたうえで，お互いに性善説で働ける環境がないと難しいですね。部下に対する管理も同じで，部下はしっかりと仕事をしてくれるという前提で考えていきたいです。

　「しっかりと働いてくれているかな？」と，杉本社長が従業員全員の業務進捗を常に確認しなければならないのでは，本末転倒ですからね。

杉　本　確かに，そうです。いや〜，意外と考えなければならないことが多いのですね。

大　竹　そうですね。自宅のWi-Fiのセキュリティレベルもしっかり管理しないと，情報が漏えいしてしまう可能性があります。無料Wi-Fiは使わない，家族に対してでもクライアント先の話はしないなどのルールが必要です。

杉　本　うちはコンサル会社なので，情報漏えいは絶対に避けなければならないです。なんだか，だんだんと在宅勤務が面倒なものに思えてきました……。

大　竹　そうなる気持ちもわかります（笑）。とはいえ，在宅勤務にはメリッ

トも多く，実際に導入した企業でも，次のような前向きな声が上がって
いますし，結果として業績が向上したという企業もたくさんあります。

・ 優秀な人材の確保や雇用継続につながった
・ 資料の電子化や業務改善の機会となった
・ 通勤費やオフィス維持費を削減できた
・ 離職率が改善し定着率向上が図れた

杉 本　そうなんですね。メリットは従業員にばかりあるものだと思っていま
　　　したので，会社にもこんなにメリットがあるとは思いませんでした。

大 竹　従業員にメリットがあるということは，従業員が成果を出しやすいと
　　　いうことですから，会社にもメリットが出るのはある意味当然かもしれ
　　　ませんね。従業員からも，好意的な声があります。

・ 家族と過ごす時間や趣味の時間が増えた
・ 集中力が増して，仕事の効率が良くなった
・ 自律的に仕事を進めることができる能力が強化された
・ 職場と密に連携を図るようになり，これまで以上に信頼感が強く
　なった
・ 仕事の満足度が上がり，仕事に関する意欲が増した

　　　通勤時間がなくなることによる効果は大きくて，育児をしている従業
　　　員などは在宅勤務があると非常に助かるようです。また，周囲に人がい
　　　ないことで，集中力が高まるというメリットが大きいと感じる人も多い
　　　ようです。

杉 本　わかりました！　そこまで先生がおっしゃるなら，やっぱり在宅勤務
　　　を進めていきます。弱気になってすみませんでした。
　　　　先生，引き続きご指導をよろしくお願いします。

大　竹　もちろんです！

　　　従業員のみなさんのためにすることは，会社のためになると信じて，
　　これからも応援していきます！

杉 本　大竹先生，北野社長の会社もテレワークを始めたみたいなのですが，「従業員からとても評判が良い。」と言っていました。

　　　あと，通勤手当を支払わなくて良くなったので，経費削減に繋がっているみたいです。確かに，会社に来なくなるわけですから，通勤手当は必要なくなりますよね

大 竹　偶然ですが，気が合いますね！　私も今日は，在宅勤務を始めるにあたっての手当について，社長とお話をしたいと思っていました。

　　　まず通勤手当ですが，確かに通勤をしなくなりますから，以前と同じように支払う必要はないと考えられます。ですが，全員が毎日在宅勤務ということではないでしょうから，出勤日数に応じて通勤手当を支払うようなルール作りが必要になりますね。

杉 本　なるほど。これまでは1か月分の定期代を支払っていましたが，週2日程度の出勤であれば，実費で支給するようなルールを作るということですよね。

　　　ぜひ，この方向性で，ルール化をお願いしたいです。

大 竹　わかりました。また，自宅で仕事をすることによって，通信費や水道光熱費などがかかることから，これらについて企業が一定の負担をする必要性もあり，「在宅勤務手当」というものを支給する会社も増えています。

杉 本　私もそれは考えていました。在宅勤務を始める際には，自宅の環境を変えなければならないですし，従業員の健康を考えるとしっかりとした環境で仕事をして欲しいと思っていました。仕事をするための机や椅子，

パソコンのモニターなど，欲しいものもあるでしょうし……。1日中
ベッドの上で仕事をするなどということがないようにしてあげたいです。

大 竹　そうですね。現物を支給するのも良いですし，手当として支払うのも
良いと思います。ここで1つ注意したい点は，在宅勤務手当として手当
を支給する場合には，所得税の課税対象となるということです。

杉 本　えっ，通勤手当は非課税なのに，在宅勤務手当は課税されてしまうの
ですか？

大 竹　そうなんです。通勤手当が非課税なのは例外的な処理で，在宅勤務手
当は例外にはならずに課税されてしまいます。

杉 本　ちょっと残念ですが仕方がないですね。環境を整えてもらうことで業
務の効率も上がるはずですから，ある程度の手当は支給したいと思いま
す。在宅勤務手当は，だいたいどのくらいの金額を支給するものなので
しょうか？

大 竹　在宅勤務の頻度にもよりますし，企業が従業員に在宅勤務をお願いし
ているケースと，希望する従業員だけが在宅勤務をするケースとでは異
なりますが，おおむね3,000円〜10,000円程度の手当を支給している
企業が多いようです。

杉 本　わかりました。不公平感が出ないように，しっかりとルールを定めな
ければなりませんね。

大 竹　これまでの打ち合わせで，テレワーク規程の骨子はできそうです。後
は，細かい部分の打ち合わせを改めてさせてください。

杉 本　ありがとうございます。在宅勤務の体制が整ったら，私も毎日会社に
出勤する必要がなくなるので，テレワークをしたいと思っています。私
は家で仕事をするのではなく，北海道から沖縄まで全国各地を回りなが

ら仕事をしたいと思っています。

大 竹　素敵ですね！

杉 本　会議はＷＥＢでできますし，書類への押印もほとんど必要なくなりましたので……。時差の問題はありますが，いずれは海外も回りたいです。

大 竹　まさに，ニューノーマル時代の新しい働き方ですね！　私もそのような働き方をしてみたいと思っていました。

杉 本　経営者として，これからの新しい時代を満喫しないといけないですよね！　時代に合わせて変化しながら生きていかないと，コンサル会社の社長失格ですからね。

　　　　テレワークという働き方のおかげで，これからももっと頑張って仕事をしていきたいという気持ちが湧いてきました。

大 竹　その意気ですね！

　　　　社長の気持ちに寄り添って，これからも精一杯サポートさせていただきます！

【著者紹介】

五十嵐　明彦（いがらし あきひこ）

社会保険労務士・公認会計士・税理士。1996 年に公認会計士試験に合格。大学在学中から監査法人トーマツ（現 有限責任監査法人トーマツ）に勤務し，国内企業の監査に携わる。2001 年には，明治大学特別招聘教授に。2017 年に社会保険労務士試験に合格し，現在は，税理士法人タックス・アイズおよび社会保険労務士法人タックス・アイズの代表として会計税務，人事労務の両面から幅広く企業をサポートしている。

主な著書に『社労士試験に最速で受かる合格思考』（税務経理協会）『子どもに迷惑かけたくなければ相続の準備は自分でしなさい』（ディスカヴァー・トゥエンティワン），『相続破産 危ない相続税対策，損する遺産』（朝日新聞出版）などがある。

藤田　綾子（ふじた あやこ）

特定社会保険労務士。2018 年社会保険労務士法人タックス・アイズ設立時より，IT 企業・金融機関の管理部門での経験を活かし，労務相談・就業規則策定・人事評価制度支援・助成金申請支援等を担当。

テレワーク導入，ビジネスマナー，ハラスメント防止等，多数のセミナーや研修を行っている。

周藤　美和子（しゅうとう みわこ）

社会保険労務士。2007 年から税理士法人タックス・アイズに勤務し，2012 年に社会保険労務士試験に合格。2018 年社会保険労務士登録。社会保険労務士法人タックス・アイズ設立時より，就業規則作成支援，労務相談，給与計算など幅広い業務を行っている。

伊井　沙織（いい　さおり）

社会保険労務士。2018年税理士法人よりタックス・アイズに勤務し，各種税務申告補助業務に携わる。過去に労務業務に携わった経験から社会保険労務士に興味を持ち，在職中に社会保険労務士試験に合格。2021年社会保険労務士登録。現在は，就業規則策定，社会保険手続，給与計算等，幅広く労務業務に携わる。

著者との契約により検印省略

| 2021年12月1日　初版発行 | 社労士が伝える
社長のための労務管理 |

著　者　社会保険労務士法人
　　　　タックス・アイズ
　　　　五 十 嵐　明　彦
　　　　藤　田　綾　子
　　　　周　藤　美 和 子
　　　　伊　井　沙　織
発行者　大　坪　克　行
印刷所　光栄印刷株式会社
製本所　牧製本印刷株式会社

発 行 所　〒161-0033 東京都新宿区　　株式　税務経理協会
　　　　　下落合2丁目5番13号　　　　会社
　　　　　振 替 00190-2-187408　　　電話　(03) 3953-3301 (編集部)
　　　　　FAX (03) 3565-3391　　　　　　　(03) 3953-3325 (営業部)
　　　　　URL http://www.zeikei.co.jp/
　　　　　乱丁・落丁の場合は，お取替えいたします。

Ⓒ　社会保険労務士法人タックス・アイズ　2021　　　Printed in Japan

ISBN978-4-419-06837-0　C3034